Michael Kunzler

Dienst am Leib Christi

Michael Kunzler

Dienst am Leib Christi

Eine kleine Schule für den Kommunionhelferdienst

BONIFATIUS

Imprimatur. Paderbornae, d. 31. m. Augusti 2007
Nr. A 58-21.00.2/796. Vicarius Generalis i. V. Dr. Schmitz

**Bibliografische Information
der Deutschen Nationalbibliothek**
Die deutsche Nationalbibliothek verzeichnet diese Publikation in der Deutschen Nationalbibliografie; detaillierte bibliografische Daten sind im Internet über http://dnb.ddb.de abrufbar.

MIX
Papier aus verantwortungsvollen Quellen
FSC® C011558
FSC
www.fsc.org

Klimaneutral
Druckprodukt
ClimatePartner.com/53323-2301-1002

Umschlagfoto: Claudia Auffenberg

Umschlaggrafik: Katharina Witte

7. Auflage 2023
ISBN 978-3-89710-636-9

Gesamtherstellung: Bonifatius GmbH Druck · Buch · Verlag Paderborn

Inhalt

Für
Gudrun Koch und
Msgr. Gregor Tuszynski

Vorwort

Nach mehr als zwei Jahrzehnten Erfahrung in Ausbildung und Begleitung von liturgischen Laiendiensten, in der Gestaltung von Gottesdiensten mit Frauen und Männern, Erwachsenen und Jugendlichen, die sich mit ganzem Herzen in den Gottesdienst einbringen, sowie nach mehreren einschlägigen Veröffentlichungen zum liturgischen Laiendienst im Besonderen sowie zum Verhältnis von Laien zum Gottesdienst der Kirche generell[1] ist dem Autor dieses kleinen Werkes das liturgische Engagement von Laien zu einer Herzensangelegenheit geworden.
Mit diesem Bändchen soll ein oft geäußerter Wunsch in Erfüllung gehen; leicht verändert geht es nun in die zweite Auflage. Immer wurde darum gebeten, das in den vielen Kommunionhelferkursen und Weiterbildungsmaßnahmen in den Pfarreien und Dekanaten zur Sprache Gebrachte und mit den Teilnehmer(inne)n

---

[1] Michael Kunzler: Berufen, dir zu dienen. 15 „Lektionen" Liturgik für Laienhelfer im Gottesdienst. Paderborn: Bonifatius-Verlag, 1989, 2. Auflage 1992. / Zum Lob deiner Herrlichkeit. Zwanzig neue Lektionen für Männer und Frauen in liturgischen Laiendiensten. Paderborn: Bonifatius-Verlag, 1996. / Grundtext für: Liturgie im Fernkurs. Lehrbrief 2: Die liturgischen Dienste. Hrsg. von den Liturgischen Instituten Salzburg, Trier und Zürich in Zusammenarbeit mit Theologie im Fernkurs, Domschule e. V., Würzburg. Trier 1996. Neuauflage: Band 5: Vielfalt der Gnadengaben. Die liturgischen Dienste. Trier 2011 / Leben in Christus. Eine Laienliturgik zur Einführung in die Mysterien des Gottesdienstes. Paderborn: Bonifatius, 1999. / Das Charisma der Liturgie. Zu Theologie und Ausgestaltung der liturgischen Laiendienste. Paderborn: Bonifatius, 2001. Ein Laien-„Messbuch". Einführung in das Wertvollste katholischer Christen: die Feier der heiligen Messe. Paderborn: Bonifatius 2011.

Diskutierte in einem kleinen, vor allem an der liturgischen Praxis orientierten Buch zusammenzufassen. Zum einen soll es denen dienen, die als schon länger tätige Kommunionhelfer(innen) ihr liturgisches Wissen wieder auffrischen wollen; zum anderen soll es solche Christinnen und Christen, die mit dem Kommunionhelferdienst liebäugeln und/oder zu seiner Übernahme angefragt wurden, zu einer (positiven) Entscheidungsfindung motivieren und ihnen zu einer vertieften Vorbereitung verhelfen. Wenn aber allen Leserinnen und Lesern durch die Lektüre dieses Büchleins etwas mehr Freude am Mitfeiern der Liturgie geschenkt wird, völlig unabhängig davon, ob und welchen Laiendienst im Gottesdienst sie übernommen haben, dann sind die Hoffnungen und Erwartungen des Autors, die in die Erarbeitung dieses Bändchens eingeflossen sind, über die Maßen erfüllt. Für alle aber soll gelten: „Tut alles zur Verherrlichung Gottes“ (1 Kor 10,31).

Bisten und Paderborn, im Frühjahr 2007

Vorwort zur vierten Auflage

Nachdem drei Auflagen des vorliegenden Buches restlos vergriffen sind, stellt sich die Aufgabe einer Neuauflage. Dabei soll die Chance wahrgenommen werden, Ergänzungen und Aktualisierungen vorzunehmen. Möge dieser vierten Auflage der gleiche Erfolg vergönnt sein wie den drei vorausgehenden Auflagen.

Bisten, Weihnachten 2011

Michael Kunzler

Am 15. Dezember 2014 verstarb unerwartet der Autor dieses Buches, Msgr. Prof. Dr. Michael Kunzler. Ein Herzensanliegen war ihm stets, die Forderung des Zweiten Vatikanischen Konzils umzusetzen, dass die „volle und tätige Teilnahme des ganzen Volkes ... bei der Erneuerung und Förderung der hl. Liturgie auf stärkste zu beachten" ist (Liturgiekonstitution Artikel 14). Der Dienst der Kommunionhelferinnen und Kommunionhelfer in den Gemeinden ist eine Ausdrucksform der tätigen Teilnahme. Für sie hat Michael Kunzler das vorliegende Buch geschrieben. Gegenüber der letzten von ihm selbst verantworteten Auflage sind nur einige wenige Aktualisierungen und Ergänzungen vorgenommen worden, so beispielsweise die Verweise auf das neue Gotteslob.

Paderborn, im Februar 2016

Gregor Tuszynski

EINIGE SEHR GRUNDSÄTZLICHE ÜBERLEGUNGEN

Mit einem wichtigen Begriff soll der/die verehrte Leser(in) vertraut gemacht werden: Die im erwarteten neuen Messbuch abgedruckte, aber schon von Rom „rekognoszierte" „Grundordnung des Römischen Messbuchs"[2] gibt genau an, wie die heilige Messe zu feiern ist, und zeigt alle Möglichkeiten auf, sie festlich unter Mitwirkung aller liturgischen Dienste zu gestalten. Diese Grundordnung löst die bislang geltende „Allgemeine Einführung in das Römische Messbuch" (AEM) ab. Nicht nur den Mitbrüdern im priesterlichen Amt, allen an der Liturgie der Kirche Interessierten sei es empfohlen, sich diese Grundordnung einmal anzusehen und zu entdecken, was am Gottesdienst in der eigenen Kirche zu korrigieren oder noch zu verbessern wäre.

Wer einen liturgischen Laiendienst übernommen hat oder sich dafür interessiert, bei der Gestaltung des Gottesdienstes mitzuwirken, der/die sollte wissen, welche hohe Bedeutung die Liturgie der Kirche besitzt und wie reich das eucharistische Mysterium ist.[3] Bevor wir uns

---

[2] Grundordnung des Römischen Messbuchs. Vorabpublikation vom 6. Juni 2007; Arbeitshilfen, hrsg. von der Deutschen Bischofskonferenz Heft 215, Bonn 2007.

[3] Wir verweisen auf unsere Lehrbücher. Eher für Theologen ist gedacht: Michael Kunzler: Die Liturgie der Kirche. (AMATECA 10). Paderborn ^{2}2003. Weitere Ausgaben: La Liturgia della Chiesa. Milano ^{2}2003; La liturgie de l'Église. Luxembourg / Paris 1997; La liturgia de la Iglesia. Valencia 1999; Liturgia Kościoła. Poznan 1999. Литургия Церкви. Москва 2001; Літургія Церкви. Львів 2001; The Church's Liturgy. London – New York 2001; Az Egyház Liturgiája. Szeged 2005; Liturgia Cirkvi, Prešov 2009. Für Laien sei empfohlen:

den konkreten Gestaltungsmöglichkeiten insbesondere des Kommunionhelferdienstes zuwenden, sollen alle Leser und Leserinnen herzlich eingeladen sein, diesen eher grundsätzlichen Überlegungen zu folgen.

Was ist überhaupt Gottesdienst und braucht man ihn denn wirklich?

Wachsendes Unverständnis für den Gottes-Dienst

Immer mehr Menschen können ganz ernsthaft fragen, wozu ein Gottesdienst gut sein soll; denn immer weniger Zeitgenossen in unseren Breiten sind praktizierende Christen oder gehören durch Taufe und Firmung zur Kirche. Immer mehr Menschen wissen immer weniger vom Glauben und damit auch vom Gottesdienst. Gottesdienst – muss man da hin? Wozu soll er gut sein? Habe ich etwas davon? Dazu gibt es immer weniger Priester, und auch dadurch sinkt die Zahl der Gottesdienste kontinuierlich. Das liturgische Leben vor Ort erstirbt, die „Kirche arbeitet nicht mehr" – wie man einst im atheistischen Sowjetrussland so stolz sagte –, und viele Christen scheint dies nur wenig oder überhaupt nicht mehr schmerzhaft zu berühren.

Zwar gibt es nach wie vor so etwas wie liturgische „Hochzeiten", in denen von einer doch noch recht großen Zahl von Mitmenschen feierliche Gottesdienste

---

Michael Kunzler: Leben in Christus. Eine Laienliturgik zur Einführung in die Mysterien des Gottesdienstes. Paderborn 1999. Ebenso: Michael Kunzler: Dienst am Altar Christi. Eine Ministrantenschule für Erwachsene (kontur 3192). Paderborn 2005.

erwartet werden. Dies sind die großen Feste des Kirchenjahres, vor allem aber die entscheidenden Höhe- und Wendepunkte im Leben einer Familie. Es gibt bereits Weihnachtsgottesdienste für Nichtglaubende, besonders auf die spirituellen Bedürfnisse von Alt- wie Neuheiden zugeschnittene christliche – oder besser: an den Christenglauben erinnernde – Trauungen und Beerdigungen. Der Vorwurf, die Kirche und ihr Gottesdienst würden nur zur Steigerung des äußeren Glanzes von familiären Festterminen missbraucht, wird wohl nicht ganz von der Hand zu weisen sein. Das einzig Positive daran ist immerhin, dass bei vielen doch eine Erwartungshaltung hinsichtlich des göttlichen Schutzes, des „Segens" und der „Gnade" Gottes vorhanden ist, mag die Vorstellung darüber auch noch so diffus sein.
So fremd ihnen der Gottesdienst auch sein mag, in den Erwartungen vieler Menschen an Segen, Schutz und Gnade zeigt sich doch noch etwas sehr Wahres, was das Wesen des Gottesdienstes berührt. Dies zeigt sich in einer Inschrift über dem Eingang einer Barockkirche im Süden Deutschlands: „Hic res tua agitur – Hier wird deine Sache verhandelt."
Für eines hatte der Mensch immer eine sehr gute Nase, für Gelegenheiten, in denen es um ihn geht, wenn seine Sache verhandelt wird, für ihn etwas Vorteilhaftes herauskommen soll! Sollte es bei der Religion anders sein?
Aber auch viele, denen Glaube und Liturgie eigentlich ganz wichtig sind, verstehen den wahren Sinn von Gottesdiensten nicht. Kann man nicht Gott auch ganz anders begegnen, etwa im stillen Gebet? Vielleicht deshalb, weil ihnen früher zu sehr die Pflicht vorgehalten worden ist, an den Sonntagen und den gebotenen Feiertagen im Gottesdienst Gott die Ehre zu geben, entdecken auch viele gläubige Menschen nicht die Gegen-

wahrheit: Gottesdienst ist zunächst einmal Gottes Dienst an und für uns Menschen; er beschenkt uns mit dem ewigen Leben. Wenn Menschen das an sich selbst und zusammen mit den Brüdern und Schwestern erfahren, dann stimmen sie das Lob Gottes an, dann haben sie Zuversicht zu weiteren Bitten und Fürbitten für die ganze Welt.

Die tiefste Wahrheit des Gottesdienstes: der Dienst Gottes an Mensch und Welt

„Für uns Menschen und zu unserem Heil ist er vom Himmel gekommen" – so sagen wir es im Glaubensbekenntnis. Ohne diesen Herabstieg des Sohnes Gottes in die Welt und in das Leben der Menschen hinein kann es keine Erlösung und kein Heil geben. „Welt ging verloren, Christ ist geboren", heißt es in einem alten Weihnachtslied. Alles mit und um Christus geschah um unseres Heiles willen, die Geburt, sein Leben und Lehren, sein Kreuz und Begräbnis, seine Auferstehung und Himmelfahrt; wir erwarten sein Kommen in Herrlichkeit. Wäre er nicht geboren, so wäre die Welt verloren; wäre er nicht erstanden, so wäre die Welt vergangen, wie es in einem der ältesten Osterlieder („Gotteslob" Nr. 318) heißt. Der dreieine Gott ergreift die Initiative, um den Menschen, ja die ganze Schöpfung aus ihren engen Grenzen und von den Fesseln der Vergänglichkeit und des Todes zu befreien. Das konnte und kann Gott allein; er tat es einmal in der Geschichte in der Geburt, im Leben, Sterben und Auferstehen seines einziggeborenen Sohnes; Gott tut es immer wieder in seinem Dienst an Mensch und Welt, im Gottes-Dienst, den die Kirche feiert. Auch hier ereignet sich immer wieder der Herabstieg des Sohnes Gottes, um die Menschen

und ihre Welt in die Lebensfülle des Dreieinen emporzutragen: Gottes Dienst an Mensch und Welt eben.
Darum bezeichnet das Zweiten Vatikanische Konzil die Liturgie der Kirche als „Vollzug des Priesteramtes Christi; durch sinnenfällige Zeichen wird in ihr sowohl die Heiligung des Menschen bezeichnet und in je eigener Weise bewirkt, als auch vom mystischen Leib Jesu Christi, d. h. dem Haupt und den Gliedern, der gesamte öffentliche Kult vollzogen. Infolgedessen ist jede liturgische Feier als Werk Christi, des Priesters, und seines Leibes, der die Kirche ist, in vorzüglichem Sinn heilige Handlung, deren Wirksamkeit kein anderes Tun der Kirche an Rang und Maß erreicht" (Liturgiekonstitution Artikel 7).
Nein, Gott braucht nicht die Ehrung durch den Menschen; seine Ehre besteht – einer ihr Kind liebenden Mutter gleich – darin, dass der Mensch die Fülle des Lebens hat. Umgekehrt besteht das volle und wahre, ewige Leben des Menschen darin, zu Gott zu finden. Oder wie der heilige Irenäus von Lyon († um 202) sagt: „Die Ehre Gottes ist der lebendige Mensch, das Leben des Menschen aber ist die Anschauung Gottes."
So geht es letztlich um Gott, der es nun einmal unternommen hat und zu keinem Zeitpunkt darin nachlässt, das Heil der Welt zu schaffen und zu vollenden. Wunderschön sagt es in der byzantinischen Liturgie ein Priestergebet: „Du hast uns aus dem Nichtsein ins Dasein gerufen und nach dem Sündenfall wieder aufgerichtet; du hast nicht nachgelassen, alles zu tun, bis du uns in den Himmel erhoben und dein künftiges Reich geschenkt hast."

Eine Portion Kult

Wir reden heute von „Kult" am ehesten im Zusammenhang von Filmen, Schauspielern und Rockgruppen; unsere Jugendliche sagen dazu „kultig" und wissen gar nicht mehr um die religiösen Ursprünge dieses Begriffs. Eigentlich besagt „Kult" ein besonderes Tun, worin sich das Verhältnis des Menschen zu Gott ausdrückt, etwa Opfer und Gebet. Die Theologie merkt kritisch dazu an, dass die Menschen durch viele und intensive fromme Übungen dazu versucht sein könnten, den allmächtigen Gott zum Spenden von Segen und Gnade in die Pflicht nehmen zu können. Ein bisschen kommen solche Vorstellungen schon in die Nähe zur Magie. Man denke etwa an die fromme Großmutter, die eine Novene für ihren im Abitur stehenden Enkelsohn betet oder an der Muttergottesstatue Kerzen abbrennen lässt für die arbeitslose Tochter – sie tut es garantiert nicht ohne die Hoffnung, dass ihr Tun sinnvoll und segensreich ist! Um ja keine Missverständnisse aufkommen zu lassen: Seine Gebetsanliegen derart „kultisch geordnet und mit äußeren Zeichen" auszudrücken, ist keineswegs falsch oder sinnlos. Aber dabei bleibt immer zu bedenken, dass Gott das Erbetene nicht deshalb gewährt, weil eine genaue Zahl von Gebeten verrichtet und Kerzen abgebrannt worden sind, gleichsam als Bezahlung der erbetenen Gnade, sondern weil es seinem heiligen Willen entspricht und er allein um die rechte Weise und die passende Zeit für die Gewährung weiß.

„Kult" wurde treffend definiert als „geordnete Umgangsform mit dem Heiligen". Er ist notwendig, um den Menschen gerade in seinen Beziehungen zum lebendigen und heiligen Gott seiner grauen Alltäglichkeit zu entreißen und offenzumachen für das immer größere

und unvorstellbare Heil, das von Gott kommen soll. Das Erste, was der Mensch im Umgang mit seinem Gott kennenlernen muss, ist das Staunen über die Unermesslichkeit der göttlichen Herrlichkeit, aber auch seiner Liebe zu uns Menschen.
Im Umgang mit Gott ist aber auch „Ehrfurcht" angesagt; sicherlich keine Angst vor der größten Liebe, die es überhaupt geben kann, aber doch die Sorge darum, den Heiligen auch heilig zu belassen und ihn nicht kumpelhaft für die eigenen Interessen und Glücksvorstellungen einzuvernehmen, was wiederum dem Glauben an seine Liebe und Allmacht Abbruch täte. Nicht so, als ob Gott nach Menschenart auf „vornehme Formen" Wert legte! Der Umgang mit Gott verlangt ganz einfach schon deshalb die Ehrfurcht, damit man ihn, den Ewigen und Barmherzigen, von dem alles abhängt und auf den es allein ankommt, mit der Zeit nicht genauso klein macht wie alles Irdische, Begrenzte und allseits Bekannte, das die Erwartungen an Glück, Zukunft und Leben, die der Mensch in es steckt, doch immer nur enttäuscht.

Warum sagen wir zum Gottesdienst „Liturgie"?

Ein oftmals missverstandenes Fremdwort

„Liturgie" ist kein Begriff der Alltagssprache. Viele wissen gerade noch, dass damit etwas „Kirchliches" verbunden ist. Am ehesten verbindet man „Liturgie" mit den gottesdienstlichen Zeremonien, so etwa, wenn bei einer Fernsehübertragung eines evangelischen Gottesdienstes der predigende Pfarrer unterschieden wird vom „Liturgen", der vorne am Altar steht, die Gebete spricht und die Gemeinde mit dem Segen verabschiedet. Von „großer Liturgie" spricht man, wenn man ein feierliches Hochamt mit vielen Zelebranten und Mitwirkenden meint, mit vielen Zeremonien, Farben, Licht, Weihrauch und festlicher Musik. Von der „heiligen" oder gar „Göttlichen Liturgie" sprechen die östlichen Christen und verstehen darunter allein die Feier der Eucharistie. Als Ausdruck für die zeremonielle Außenseite des Gottesdienstes wird „Liturgie" aber gründlich missverstanden.

„Liturgie" kommt vom griechischen „Leitourgia" und heißt wörtlich übersetzt „Werk des Volkes / Werk für das Volk", „öffentliche Angelegenheit". „Liturgie" in diesem Sinn war etwa das Errichten einer schützenden Stadtmauer, schließlich jede öffentliche Dienstleistung überhaupt. Dazu kann man auch die öffentliche Verehrung der Götter zählen, um deren Segen für die Stadt oder den Staat sicherzustellen. „Liturgie" bezeichnete dann eine die gesamte Stadtgemeinde angehende religiöse Feier, für deren Durchführung alle verantwortlich waren und an der sich alle beteiligen mussten, um den Segen des für die Gemeinschaft „zuständigen" Gottes durch Opferhandlungen sicherzustellen.

Die griechische Übersetzung des Alten Testaments und das späte Judentum verstanden unter „Liturgie" auch den alttestamentlichen Kult in Tempel und Synagoge; so auch im Hebräerbrief. Nirgends aber wird „Liturgie" auf den christlichen Gottesdienst oder auf eine Tätigkeit christlicher Amtsträger im speziellen Sinn angewendet.

Schon um sich von der heidnischen und jüdischen Umwelt zu unterscheiden und wegen der Besonderheit des Christlichen vermied man zunächst einen generellen Begriff für den Gottesdienst. Als man schließlich doch

„Liturgie" dafür übernahm, vergaß man aber nicht, dass es gerade nicht der Mensch ist, der im kultischen Sinn Gott einen Dienst erweist, sondern dass die Liturgie zuallererst das Werk Gottes ist, der durch Christus im Heiligen Geist in der Welt das Heil wirkt. Liturgie will also zunächst einmal als Werk Gottes verstanden werden, sie ist im umfassenden Sinn „Opus Dei" („Werk Gottes"); dies ist entscheidend für einen Liturgiebegriff, der das rechte Verständnis des Gottesdienstes als Gottes-Dienst begründet.

Als Werk und Tat Gottes für den Menschen ist „Liturgie" in ihrer höchsten Vollendung die Eucharistiefeier. Hier gibt der Vater seinen Sohn als Speise und Trank zum ewigen Leben. Eben darum bezeichnen die Ostchristen die Eucharistiefeier als die „Göttliche Liturgie" schlechthin.

Um das Zentrum der Eucharistie legen sich wie ein Kranz die übrigen Sakramente; sie alle haben einen Bezug zur Eucharistiefeier als ihrem Zentrum: Die Vollform der christlichen Initiation (Taufe, Firmung und Erst-Eucharistie, wie man sie bei einer Erwachsenentaufe heute wieder erleben kann) macht den Menschen fähig zur Teilnahme an der Eucharistiefeier und begründet in ihm den Lebensaustausch zwischen Gott und Mensch. Buße und Krankensalbung sollen den Menschen, der sich in einer Krise befindet (einer Krise der Beziehung zu Gott und Mitmensch bzw. in einer Krisensituation des Leibes) und deshalb der Eucharistie fernbleibt, wieder der eucharistischen Gemeinschaft zuführen. Die Ehe als „Kirche im Kleinen" oder „Keimzelle der Kirche" bildet den Grundstock der Kirche als familiäre Eucharistiegemeinschaft und sorgt durch den Nachwuchs für den Bestand der Gemeinschaft. Das Weihesakrament gibt der die Eucharistie feiernden

Gemeinschaft durch die unterschiedlichen Dienste Ordnung und Struktur. Ebenfalls zur Liturgie zählen das Stundengebet, der Wortgottesdienst und die Sakramentalien. Dies betrifft die gesamte Kirche auf Erden, weil dies ihr sakramentaler Lebensnerv ist.

Das Entscheidende: die Verankerung der Liturgie im Leben des dreifaltigen Gottes

Den im Wort „Liturgie" sehr verborgen enthaltenen Genitiv kann man zweifach verstehen: Einmal als „Werk des Volkes", aber auch als „Werk für das Volk". „Werk des Volkes", das wären unter Beteiligung vieler Menschen reich gestaltete gottesdienstliche Feiern. Als „Werk für das Volk" aber ist die Liturgie zuallererst als Handeln Gottes für die vielen zu verstehen. So gesehen ist Gottesdienst immer in erster Linie der Dienst Gottes an den Menschen. Nur auf das Ersthandeln Gottes hin ist der Dienst der Menschen überhaupt erst möglich. „Liturgie" ist darum auch das Werk der vielen Gläubigen, Angelegenheit der gesamten Christenheit, und zwar vor allen Unterscheidungen durch Weihen, Ämter und Dienste. Träger und Vollzieher dessen, was im Gottesdienst geschieht, sind beide: Der dreieine Gott und die Gemeinde Christi, die als Glieder unter ihrem Haupt zu einer Einheit verbunden sind und über ihr Haupt die Lebensfülle des Dreifaltigen empfangen.
Gott aber ist als der Dreifaltige schon vor aller Schöpfung in sich selber innigste Beziehung dreier Personen. Die für uns Menschen kaum vorstellbare innergöttliche Liebe einer der drei Personen zu den beiden anderen und ihre Freude aneinander kann nur mit dem für uns „unzugänglichen Licht" beschrieben werden, in dem der dreieine Gott wohnt (1 Tim 6,16). Halten wir uns die

Scharen der Engel vor Augen, die Gottes Thron umschweben und von denen der Prophet Jesaja berichtet (Jes 6), zählen wir dazu noch alle Heiligen und im Himmel vollendeten Menschen, dann entsteht das Bild einer riesigen himmlischen Festversammlung mit dem dreieinen Gott im Mittelpunkt; es entsteht das in der Theologie immer wieder verwendete Bild einer „himmlischen Liturgie", um das nach irdischen Maßstäben kaum zu beschreibende Leben bei Gott eben doch irgendwie zu erfassen. Mit Sicherheit aber kann gesagt werden, dass dieses Leben bei Gott alles übersteigt, ja sprengt, was unsere gewöhnlichen Lebenserfahrungen ausmachen.

Weil aber auch hier der dreifaltige Gott im Zentrum steht, weil er auch jetzt am Menschen handelt und sein ewiges Leben wirkt, darum ist jede auf Erden gefeierte Liturgie ein Spiegel dessen, was sich im Himmel ohne Unterlass ereignet.

Auch in die so vertraute und Heimat gebende eigene Pfarrkirche, mitten unter die Menschen, die man kennt, deren Geschicke man teilt und mit denen zusammen man sich bemüht, sein Christsein zu leben, also auch in die Alltäglichkeit, die auch ein ganz gewöhnlicher pfarrlicher Gottesdienst an sich haben kann, senkt sich unsichtbar die himmlische Liturgie herab und macht sich im armseligen Beten, Singen und Feiern einer Stadtpfarrei oder Dorfgemeinde fest und sichtbar. Wenn ein wenig davon spürbar wird, wenn ein auch noch so kleines und schwaches Staunen über Gottes Größe, Herrlichkeit und Liebe durch die Feier des Gottesdienstes spürbar wird, dann ist eine liturgische Feier fern aller anderen Maßstäbe als „gelungen" anzusehen. Dass dies geschehen kann, dazu sollen auch die liturgischen Laiendienste ihren Beitrag leisten.

Im „Gotteslob" gibt es ein Lied, das gewöhnlich zum

Beginn des Gottesdienstes gesungen wird. Treffend bringt es zum Ausdruck, dass Gottesdienst immer zuerst als Dienst Gottes verstanden werden muss, dem die Menschen sich stellen sollen („Gotteslob" Nr. 144).

Was darf ich vom eucharistischen Geheimnis glauben?

Der Zugang zur Quelle göttlichen Lebens

Die besondere Bedeutung der Eucharistiefeier hat ihren Grund darin, dass sie die Teilhabe am Leib Christi vermittelt (1 Kor 10,16). Durch die Menschennatur Christi, in der die Fülle der Gottheit wohnt und von der die Menschen erfüllt werden sollen (Kol 2,9f), begegnet der Mensch dem lebendigen Gott und empfängt von ihm göttliches Leben. „Nichts kann von Gott zum Menschen und vom Menschen zu Gott gehen, es sei denn durch seinen Leib" (Jean Corbon). Christi Menschennatur ist die einzige Vermittlungsstelle zwischen Gott und

Schöpfung und daher die Quelle des göttlichen Lebens, aus der dem Menschen und der ganzen Welt das Leben Gottes zuteil werden kann.

Realpräsenz

Hier geht es für den christlichen Gottesdienst um eine Frage auf Leben und Tod, um die Wirklichkeit der Begegnung zwischen Mensch und Gott, gerade in der Eucharistiefeier. Nur wenn Gott und Mensch einander wirklich begegnen, dann kann der Gottesdienst als Dienst Gottes für uns Menschen Heil bringend sein.
Gerade in der Eucharistiefeier bindet sich diese wirkliche Begegnung zwischen Gott und Mensch an die reale Gegenwart des Herrn Jesus Christus in den eucharistischen Gaben von Brot und Wein.
Das Neue Testament verkündet „je länger, desto klarer die Identität der eucharistischen Gaben mit der leibhaftigen Person Jesu, die sich für uns und unser Heil in den blutigen Sühnetod am Kreuz – und hier im Sakrament zum Genuss gibt, um uns so die im Tod erwirkte Erlösung zuzuwenden" (Johannes Betz). In den folgenden Jahrhunderten hat man immer wieder darüber nachgedacht, wie es denn überhaupt möglich sein kann, dass sich der Sohn Gottes, durch den und auf den hin die ganze Welt geschaffen ist (Kol 1,16), sich in derart armseligen Gestalten wie Brot und Wein verbergen und verschenken kann.
Viele Denkmodelle wurden herangezogen, um dieses Geheimnis dem menschlichen Verstand näherzubringen, doch sie alle sind nur Hilfsmittel, sich dem eucharistischen Mysterium anzunähern oder es bei Leugnung oder Infragestellung zu verteidigen.
Immer wieder wurde versucht, den Glauben an die Ge-

genwart des Herrn in Brot und Wein gleichsam „aufzuweichen“, weniger realistisch zu verstehen, wie es die Kirche von Anbeginn gelehrt hat. Immer wieder bedrohte die Versuchung den Eucharistieglauben der Kirche, die Gegenwart des Herrn nur „symbolisch“ zu verstehen, nur zeichenhaft, sodass die Menschen beim Genuss der eucharistischen Speise eher an Jesus erinnert werden, als dass sie ihn selbst in der Kommunion empfangen.

Zwar wird ein Katholik die Leugnung der wirklichen Gegenwart Christi in Brot und Wein gemeinhin in Zusammenhang mit der evangelischen Konfession bringen, doch auch hier muss sorgsam unterschieden werden. Schon im Oktober 1529 gab es ein Streitgespräch zwischen Luther und dem Zürcher Reformator Zwingli, und Luther hielt dem Schweizer laut entgegen, was der Eucharistieglaube der Kirche ist: Est, est, est – Es ist und ist und ist der Leib und das Blut Christi. Bis heute geht dieser Riss durch die evangelischen Kirchen und trennt die Lutheraner von den Reformierten gerade auf der Grundlage des eucharistischen Bekenntnisses.

Als Antwort auf die Reformation stellte das Konzil von Trient den Eucharistieglauben der Kirche in aller Eindeutigkeit dar und bildete so die Grundlage für eine großartige Eucharistiefrömmigkeit der folgenden Jahrhunderte, die auch kulturgeschichtlich in ihrer Bedeutung nicht hoch genug eingeschätzt werden kann. Von der Architektur über bildende Kunst und Dichtung, über die Musik und vieles andere mehr bis hin zu heute noch hoch geschätzten Formen der Frömmigkeit geschah alles zur Verherrlichung des in der Eucharistie gegenwärtig geglaubten Christus.

In der letzten Zeit haben Papst Paul VI. im Jahr 1965 mit seiner Enzyklika „Mysterium fidei“ („Geheimnis des

Glaubens") und am Gründonnerstag 2003 Papst Johannes Paul II. mit seiner Eucharistieenzyklika „Ecclesia de Eucharistia" („Die Kirche lebt von der Eucharistie") den Glauben der Kirche an das eucharistische Geheimnis wieder dargelegt, gegenüber Missverständnissen geklärt und gegen Angriffe verteidigt.

Der Glaube an die bleibende Gegenwart des Herrn im eucharistischen Brot führte im Abendland zur Ausbildung der eucharistischen Verehrung und Anbetung. Zwar war und ist der erste und wichtigste Grund für die Aufbewahrung des Allerheiligsten im Tabernakel, sie jederzeit den Kranken und Sterbenden bringen zu können. Doch immer schon sorgte man für einen ehrfürchtigen Umgang mit der Eucharistie. Seit dem Mittelalter entwickelte sich aber eine besondere Verehrungs- und Anbetungsfrömmigkeit, die es vorher so nicht gegeben hat und auch bis heute in den Ostkirchen nicht gibt. Ihre Entstehung ist nicht zu trennen von der Einführung des Fronleichnamsfestes. An Formen der Eucharistieverehrung entwickelten sich die Sakramentsprozession, die eucharistische Aussetzung, Sakramentsandachten und der eucharistische Segen. Ausgehend von den deutschsprachigen Ländern wurde es seit dem 14. Jahrhundert Brauch, am Schluss der Stundenliturgie (vor allem nach der Vesper) die Eucharistie auszusetzen. Daraus entwickelten sich die eucharistischen Andachten mit dem sakramentalen Segen als Höhepunkt. Besondere eucharistische Andachten sind seit dem 16. Jahrhundert das Vierzigstündige Gebet und die Ewige Anbetung.

Andere Schwerpunkte in der Eucharistiefrömmigkeit kamen mit der Erneuerung der Liturgie, welche das römische Schreiben „Eucharisticum mysterium" von 1967 setzte. Es wird an den Primärzweck der Aufbewahrung erinnert, die Eucharistie jederzeit den Kranken und

Sterbenden spenden zu können. Dann erst werden die Kommunionspendung außerhalb der Messe sowie die Verehrung der Eucharistie genannt. Dies führte zu einem eigenen liturgischen Buch: „Kommunionspendung und Eucharistieverehrung außerhalb der Messe".
Eindeutig wird darin gesagt, dass Quelle und Gipfel jeder eucharistischen Frömmigkeit die Eucharistiefeier ist; alle anderen eucharistischen Frömmigkeitsformen werden von ihr hergeleitet und sollen die Gläubigen zu ihr hinführen. Alle Formen der Eucharistieverehrung gelten dem Herrn, der sich für uns hingegeben hat und immer wieder als Arznei des ewigen Lebens hingibt. Seiner sich verschenkenden Liebe sollen die Menschen im Anblick des eucharistischen Brotes bewusst werden; dadurch soll auch das Verlangen geweckt werden, mit ihm in der Kommunion vereint zu werden, ohne die (fürbittende) Verbindung über ihn zu den Schwestern und Brüdern zu vergessen.

Das Messopfer – zulassen, dass Gott an uns handelt, mit Christus zum Vater gehen

Zweifellos hörte und las man das Wort „Messopfer" früher viel häufiger als heute, da es mancherorts geradezu ausgestorben zu sein scheint. Auch können viele Menschen mit der Vorstellung, die heilige Messe sei eine Opferhandlung, herzlich wenig anfangen. Andere haben gegen die erneuerte Liturgie immer wieder den Vorwurf erhoben, sie stelle den Opfercharakter der Messe nicht genügend dar. Richtig ist, dass der Charakter eines heiligen Mahles in unserer heutigen Messfeier überwiegt, und von den Handlungen und Worten her das Messopfer nicht gerade auffällig ist.
In der Tat gab es mit dem Messopfer in der Vergangen-

heit manche theologische Sackgasse und daher viele Missverständnisse. Immer wieder war man versucht, dem Tun der Menschen, insbesondere dem des Priesters am Altar, einen Opfercharakter zuzuerkennen, der mit der Einmaligkeit und Einzigartigkeit des Kreuzesopfers Christi für die Erlösung aller Menschen und aller Zeiten in Kollision geriet. Auch litt die Art und Weise, wie man auf die Leugnung des Messopfers durch die Reformatoren reagierte, an gewissen Engführungen. Eine theologisch wirklich befriedigende Antwort auf die Frage nach dem Verhältnis zwischen dem Kreuzesopfer und dem Messopfer ist erst spät gefunden worden.

Im Mittelalter fragte man viel zu sehr nach dem Wert des Messopfers für Lebende und Verstorbene. Man betrachtete die Messe weniger von der Gegenwart des gekreuzigten und auferstandenen Herrn und seiner sich auch jetzt vollziehenden Hingabe an die Menschen her, sondern vor allem als Werk des menschlichen Priesters, der als sündiger Mensch nur ein Opfer von begrenzter Wirkung darbringen kann. Infolgedessen hat eine Messe, die für mehrere Lebende und Verstorbene dargebracht wird, weniger Wert für den Einzelnen, als wenn sie allein für ihn gefeiert würde. Diese Sicht des Messopfers als Mittel zur Erlangung einer begrenzten Gnadenmenge bestärkte noch die im Mittelalter verbreitete Vorstellung, man könne dessen Gnadenfrüchte durch die Gabe des Messstipendiums „kaufen". Die Ablehnung des Messopfers bei Luther und den anderen Reformatoren ist auch vor dem Hintergrund dieser Entwicklung zu sehen.

Was war geschehen? Während man im Altertum aufgrund eines realen Verständnisses des Symbols noch verstehen konnte, dass das eine und einzigartige Kreuzesopfer Christi sich in jeder Messfeier gegenwärtig-

setzt und seine unbegrenzten Wirkungen neu entfaltet, konnte man sich im Mittelalter nur dann ein Gnaden wirkendes Opfer vorstellen, wenn auch wirklich eine jeweils neue Opferhandlung, eine neue Aufopferung dargebracht wurde, die jeweils neue Gnadenmengen „produzierte". Damit war der innere Zusammenhang zwischen dem Kreuz Christi und dem Messopfer zerbrochen. Man sah nicht mehr, dass derselbe Herr damals am Kreuz die Erlösung bewirkt hat und sich gleicherweise und doch zugleich ganz anders zum Leben der Seinen hingibt, jetzt in Brot und Wein als den „Lebensmitteln" zum ewigen Leben. Auch in der Messfeier opfert sich Christus für uns auf; er erniedrigt sich und wird für uns zu Speise und Trank, damit wir durch ihn leben.
Aber in der heiligen Messe geschieht auch in anderer Hinsicht das Gleiche wie am Kreuz: Christus wirkt in uns das ewige Leben und nimmt uns dadurch mit zum Vater in den Himmel. So wie der gekreuzigte Christus sich dem Vater aufgeopfert hat und damit dasjenige Opfer vollzog, das die Sünde der ganzen Welt hinwegnimmt („Vater, in deine Hände befehle ich meinen Geist!"), so kommt er nicht nur auf diese Erde herab, sondern er wirkt in den Herzen seiner Brüder und Schwestern das, wozu er gekommen ist: Er vermittelt das ewige Leben Gottes selbst, das der sündige Mensch weggeworfen hatte. Also nimmt er die Seinen auch immer wieder mit zurück zum Vater und mit ihnen ihre Sorgen und Nöte, ihre Anliegen und Hoffnungen, kurz, die ganze Welt, in der die Brüder und Schwestern im Glauben an seine Liebe und im Vertrauen auf das von ihm kommende Heil als Christen leben, so gut sie es können. In jeder heiligen Messe trägt Christus die ganze Welt hinauf zum Vater und macht sie heiliger und heiler.
Darum ist die Liturgie als Ganzes, besonders aber die

Eucharistiefeier ein „Lebensaustausch zwischen Gott und Mensch" (Johannes Pinsk) und darum ein Opfer: „Durch Christus, unseren Herrn" begegnet uns der lebendige Gott und „durch ihn und mit ihm und in ihm" gelangen wir Menschen und mit uns unsere Welt zu Gott.

Manche Katholiken vermissen in der Messe einen ausgefalteten Opferakt und werfen der erneuerten Liturgie vor, sie sei in einseitiger Weise ein heiliges Mahl. Wenn man auch Überlegungen darüber anstellen könnte, wie es in der Messe noch deutlicher ausgedrückt werden könnte, dass sich die zur Feier Versammelten in vollem Vertrauen und Glauben durch Christus, unseren Herrn, selbst dem Vater übergeben und sich so dem Opfer Christi anschließen, so bleibt doch andererseits gültig, was Hans Urs von Balthasar über den Opfercharakter der Kommunion gesagt hat. In der Kommunion lassen die Kommunizierenden das Opfer Christi an sich zu, gestatten sie ihm, an ihnen und durch sie an der Welt zu deren Heil zu wirken. Christus will sich zum Heil der Menschen von ihnen verzehren lassen, das ist seine Hingabe, und er will, dass wir dies zulassen und darum gläubigen Herzens und Vertrauens zur Kommunion hinzutreten.

In der Eucharistiefeier gibt sich Christus hin als Speise und Trank zum ewigen Leben. Von dieser opfernden Hingabe des Gottessohnes an seine Jünger zu deren ewigem Leben ist sein Sterben am Kreuz nicht zu trennen. Die Selbsthingabe Christi an den Menschen zu dessen ewigem Leben und das Ansichgeschehenlassen dieser Hingabe durch den Menschen machen die Messe zu einem Opfer, durch das der sterbliche, sündige Mensch versöhnt wird mit Gott, der das Leben selbst ist, indem er Anteil erhält an der göttlichen Lebensfülle.

Das Entscheidende, das der Mensch dazu beitragen kann und muss, ist, dass er diese Opferhingabe zulässt; zunächst an sich selber, sodann es aber auch in der Fürbitte wirksam werden lässt für die Schwestern und Brüder, für die Lebenden und Verstorbenen, die er über sich und sein Geschehenlassen sozusagen mit hineinzieht in dieses Opfer, das Leben spendet. In gläubigem Vertrauen, das wiederum eine Gnadengabe Gottes ist, schließt sich der Mensch dem am Kreuz sterbenden Christus an und übergibt sein Leben in die Hände des Vaters.

Das sehr beliebte Eucharistielied des 18. Jahrhunderts: „Menschen, dient aus frohem Triebe“ drückt das Geheimnis der Eucharistie als Strömen des göttlichen Lebens auf dem Leib Christi als „Quell der Gnade“ aus (Satz: Vierstimmiges Gesangbuch für die Diözese Trier. Trier 1893, Nr. 113, 2. Strophe, S. 194f.).

Die die Eucharistie feiernde Gemeinde

So banal, wie es auf den ersten Blick erscheinen mag, so bedeutsam ist die Feststellung doch im Letzten: Nur wenn Christen zusammenkommen, um Eucharistie zu feiern, kann diese auch stattfinden; nur dann kann sich die Hinaufopferung der Welt durch den Menschen ereignen, nur dann kann die Einladung zur Teilhabe an der göttlichen Lebensfülle ausgesprochen und angenommen werden. Noch konkreter: Nur wenn es Menschen gibt, welche die Eucharistie als Feier bereiten und die Gaben der Schöpfung und der menschlichen Arbeit zur Verfügung stellen, nur wenn Menschen im Kommunizieren das Opfer Christi an sich zulassen, kann die Eucharistie überhaupt stattfinden.

Es ist wie bei jeder Beziehung: Einer allein richtet nichts aus; es gehört immer dazu, dass zwei Partner die Beziehung wollen und miteinander leben. So braucht Christus, der immer der Ersthandelnde ist, die Kirche als Partnerin, damit die Eucharistie gefeiert werden kann zum Heil der Welt! Schon vom Gedanken des Zulassens des Opfers Christi an uns durch den Empfang der Kommunion her wird klar, dass die Eucharistie schon gar nicht allein das „Werk“ des zelebrierenden Priesters sein kann. Sie ist immer das Werk des Hohenpriesters Christus, der seine Kirche anspricht, sie zur Gemeinschaft mit dem lebendigen Gott einlädt und ihr das göttliche Leben schenkt. Die Kirche antwortet dem Tun Christi in Dank, Lob, Bitte und Fürbitte. Sie feiert „Eu-

charistie“, was „Danksagung“ heißt für all das Gute und Große, was ihr von Gott durch Christus, unseren Herrn, zuteil geworden ist.
Nichts in der Eucharistie ist rein geistig zu verstehen im Sinne eines leeren Symbolismus; weder die Gegenwart des Herrn in den eucharistischen Gestalten noch das Tun der Gemeinschaft der an Ihn Glaubenden und die Geheimnisse des Glaubens Feiernden. Die Eucharistiefeier ist ein ganz und gar die Sinne angehendes und mit materiellen Grundlagen versehenes Geschehen, weil die Gemeinschaft, welche die Eucharistie feiert, als mystischer Leib ja auch keine rein geistige Größe ist, sondern ganz konkrete Menschen mit Haut und Knochen und einer jeweils sehr verschiedenen Lebensgeschichte kommen zur Feier zusammen. Sie alle haben Anteil an Christus als dem Haupt ihrer Gemeinschaft, an dem Haupt dieses geheimnisvollen Leibes mit vielen Gliedern, das in der ganz realen Wirklichkeit dieser Welt zu einem bestimmten Zeitpunkt der Weltgeschichte ein ganz realer Mensch geworden ist. Wir lernen das Entscheidende vom Menschenleib und seinen Lebensgesetzen: Von Christus als dem Haupt strömt allen Gliedern das göttliche Leben zu, von ihm her empfangen sie Gnade und Leben und werden zu einem lebendigen Organismus miteinander verbunden.
Innerhalb ihrer historischen Rahmenbedingungen und kulturellen Vorgaben in den verschiedenen Epochen der Geschichte, aber immer auf der Grundlage der durch alle Zeiten fortdauernden und über allen Wandel erhabenen Teilhabe am Mensch gewordenen Christus als Haupt des mystischen Leibes – gegen alle Versuchungen einer blutleeren Geistigkeit – stellt die Kirche sich selbst und die kulturellen Mittel ihrer jeweiligen Zeit so zur Verfügung, damit Eucharistie stattfinden kann.

Damit also in der Feier der Eucharistie Christus ankommen und wirken kann, dazu sind eine ganze Reihe von Voraussetzungen zu erfüllen. Ohne Brot und Wein kann man keine Eucharistie feiern. Priester, die in russischen Lagern gefangen waren, können davon ein Lied singen; welche Freude war es, wenn auf irgendwelchen geheimen Wegen doch ein Stück Brot und ein kleiner Schluck Wein beschafft werden konnten, damit eine Eucharistiefeier stattfinden kann. Damit ist aber schon die zweite Notwendigkeit angesprochen: Auch ohne einen gültig geweihten Priester kann man keine Messe feiern. Nur aufgrund seiner Indienstnahme durch den Herrn bei der Weihe ist er zu einem Instrument dessen geworden, der als der eigentliche Priester aller liturgischen Handlungen gelten muss: Jesus Christus selbst.

Sodann braucht man aber auch eine Gemeinde, welche unter dem Vorsitz des Priesters die Eucharistie feiert. Sicher kann im Sonderfall auch ein Priester ganz allein die heilige Messe feiern und in seiner eigenen Person die ganze Kirche stellvertreten; aber der wahre Sinn der Eucharistiefeier kommt hier nur schwer zur Erscheinung: Gott ruft ja sein Volk, seine Gemeinde zusammen, wie wir es in einem Lied singen („Gotteslob" Nr. 477).

Sollte eine Gemeinde sich dazu entschließen, wegen zu teurer Heizkosten oder wegen anderer Gründe werktags auf die Feier der heiligen Messe ganz zu verzichten, sie verhindert damit nichts weniger als die Ankunft des Herrn in unserer Mitte, um uns Menschen sein Leben mitzuteilen. Erst die zusammengekommene Gemeinde – und zusammen mit ihr auch alles, was sie benützt, damit die Feier würdig stattfinden kann – bildet die Grundlage und gibt den Rahmen dafür, dass Christus kommt und uns das Leben Gottes bringt: vom Kirchen-

raum selbst, über eine schöne Einrichtung, über den Schmuck der Bilder, Blumen, Kerzen, Geräte und Gewänder bis hin zu den mitfeiernden Menschen selbst.
Der würdigen Feier dienen vor allem auch die liturgischen Laiendienste; neben Ministrant(inn)en, Lektor(inn)en, Kantor(inn)en tragen eben auch Kommunionhelfer(innen) dazu bei, dass „Liturgie" im Sinne des Werkes der vielen Menschen Wirklichkeit werden kann. Der Dienst der Laien in der Liturgie ist kein Ausdruck der Not in einer Zeit, in der in der Kirche ein immer schlimmer werdender Mangel an Priestern herrscht, die Laiendienste sind keine Notnägel für leider nicht zur Verfügung stehende Kleriker, sondern sollen zum Ausdruck bringen, dass Menschen aus der Gemeinde sich für einen Dienst an der Liturgie zur Verfügung stellen, durch die Gott selber durch Christus, unseren Herrn, auf die Erde herabsteigt, um dort sein Heil an den Menschen zu wirken. Durch ihren Einsatz tragen liturgische Laiendienste dazu bei, dass der Herrlichkeit Gottes in der eigenen Pfarrkirche ein würdiger Ort bereitet wird.
Dazu treten Frauen und Männer in den liturgischen Laiendiensten schon aus der Schar der zur Feier Versammelten heraus. Sie übernehmen aufgrund einer besonderen Gnadengabe – z. B. des Gut-vorlesen-Könnens, des Vorsingens, der Freude am liturgischen Dienst überhaupt und des Mutes, vor vielen „Zuschauern" agieren zu können – besondere liturgische Dienste[4] und treten somit in ein gewisses Gegenüber zu der zur liturgischen Feier versammelten Gemeinde. Sie leisten über ihren

---

[4] Vgl. dazu Michael Kunzler: Das Charisma der Liturgie. Zu Theologie und Ausgestaltung der liturgischen Laiendienste. Paderborn 2001. Italienische Übersetzung: Carisma e Liturgia. Teologia e forma dei ministeri liturgici laicali. Lugano 2006.

spezifischen Dienst des Lesens aus der Heiligen Schrift, des Vorsingens, des Ministrierens und auch des Austeilens der heiligen Kommunion hinaus zusammen mit den Priestern und Diakonen einen Dienst an der Herrlichkeit Gottes im Gottesdienst, der die gesamte Gemeinde auferbauen soll. Das wird, worauf noch besonders einzugehen ist, Konsequenzen haben für die äußere Gestalt dieser Laiendienste, besonders was ihren Aufenthaltsort im Chorraum der Kirche und die Frage des liturgischen Gewandes betrifft.

Kommunionhelfer – was ist das überhaupt für ein Dienst?

Was heute in den meisten Pfarrgemeinden eine selbstverständliche Tatsache ist, das war vor wenigen Jahrzehnten noch völlig unvorstellbar. Hätte man noch in den ersten Jahren nach dem Zweiten Vatikanischen Konzil jemandem erzählt, dass in einer Pfarrgemeinde Laien, Frauen und Männer aus der Gemeinde, dem Priester bei der Austeilung der heiligen Kommunion helfen – niemand hätte diese Nachricht geglaubt. Vor der Einführung der Handkommunion wäre überhaupt niemandem in den Sinn gekommen, die Hostie mit den Händen anzufassen; ja den Messdienern war es sogar ausdrücklich verboten, den Kelch des Priesters auch nur anzurühren. Die Austeilung der heiligen Kommunion war den geweihten Priestern vorbehalten, außer ihnen gerade noch den Diakonen, die ja ohnehin bald zum Priestertum aufsteigen würden. Die Vorstellung aber, dass ganz normale Christenmenschen – sogar Frauen – zusammen mit dem Priester oder in besonderen Situationen auch ganz allein in der Kirche die Kommunion austeilen, sie war vor gar nicht so langer Zeit noch völlig undenkbar.
Auch andere, heute längst alltäglich gewordene liturgische Dienste von Laien, Kindern wie Erwachsenen, Frauen wie Männern, waren früher unvorstellbar. Die Selbstverständlichkeit vieler liturgischer Laiendienste von heute soll aber nicht den Blick für grundsätzliche Überlegungen verschließen.

„Liturgische Laiendienste" – was soll man darunter verstehen?

Wir kennen neben den Kommunionhelfer(inne)n noch viele andere liturgische Dienste von Laien im Gottesdienst: Lektor(inn)en, Ministrant(inn)en, Kantor(inn)en, Chorsänger(innen), Musiker(innen). In einem eher theologischen Fachbegriff werden sie als „Liturgische Laiendienste" zusammengefasst und zugleich vom liturgischen Dienst der geweihten Amtsträger, des Diakons, des Priesters und des Bischofs, unterschieden.

Was ist ein „Laie"?

Im ganz normalen Sprachgebrauch bezeichnet das Wort „Laie" denjenigen, der nicht vom Fach ist, den „Nicht-Fachmann", im Gegensatz zum Fachmann, den der Laie dafür braucht, was er selber nicht kann. Jeder Handwerker, dessen Dienst wir für Haus und Auto benötigen, ist ein solcher Fachmann, den wir als „Laien" eben brauchen und darum beauftragen und für seine Arbeit bezahlen. Ganz in diesem Sinn könnte man den Laien auch im kirchlichen Kontext verstehen, und früher hat man es auch so verstanden: Der Laie ist der Christ, der für sein Leben aus dem Glauben den liturgisch-sakramentalen Dienst des Priesters als dafür ausgebildeten und im Weihesakrament mit besonderen Vollmachten und Gnadenmitteln ausgestatteten Fachmann benötigt. Das Verhältnis war ganz eindeutig und entsprach dem auch außerhalb der Kirche üblichen Verständnis vom „Laien": am Altar der im Gottesdienst handelnde geweihte Fachmann, in der Bank der hörende und die priesterlichen Dienstleistungen empfangende Laie. Vorne der in liturgischen Gewändern im Altar-

raum tätige Priester, hier der in seiner Bankreihe zuhörende, zuschauende und mitbetende Laie.
Vieles ist im Gottesdienst seit der Liturgiereform anders geworden. Auch diese Unterteilung in handelnde Priester und empfangende Laien stimmt so nicht mehr. Alle Gläubigen feiern gemeinsam die Geheimnisse unserer Erlösung, alle sollen aktiv („tätig") am Gottesdienst teilnehmen, wie es die Liturgiekonstitution des Zweiten Vatikanischen Konzils immer wieder anmahnt.
Dem entspricht auch ein ganz anderes Verständnis vom Begriff des „Laien", welches auf die Heilige Schrift selber gegründet ist. „Ihr aber seid ein auserwähltes Geschlecht, eine königliche Priesterschaft, ein heiliger Stamm, ein Volk, das sein (= Gottes) besonderes Eigentum wurde, damit ihr die großen Taten dessen verkündet, der euch aus der Finsternis in sein wunderbares Licht gerufen hat." Diese Aussage des 1. Petrusbriefes (2,9) bezieht sich nicht auf Päpste, Kardinäle, Bischöfe und Priester, sondern auf alle Christen, die durch Taufe und Firmung zum heiligen Gottesvolk gehören. Sie alle haben Anteil an dem allen Christen gemeinsamen Priestertum und sind Glieder des Volkes Gottes.
Von daher kommt auch der Begriff des „Laien", was einem gar nicht mehr in den Sinn kommt, wenn die Fachleute den unbedarften Laien gegenübergestellt werden: Das deutsche Wort „Laie" kommt vom griechischen Wort „Láos", das „Volk" bedeutet, hier im ersten Petrusbrief ist natürlich das heilige Volk Gottes gemeint. Der „Laie" ist also der Mann oder die Frau aus dem heiligen und priesterlichen Gottesvolk. Natürlich fallen ein Priester oder ein Bischof bei ihrer Weihe nicht aus diesem Gottesvolk heraus – und so gesehen bleiben sie auch nach dem Empfang der Priester- oder Bischofsweihe im wahrsten, biblischen Sinn des Wortes „Laien".

In einer sehr grundsätzlichen Weise sind alle Christen als „Laien", als Glieder des heiligen Gottesvolkes, absolut gleich. Einer ist ihr gemeinsamer Vater, der im Himmel; einer ihr Meister und Lehrer, Christus (Mt 23,8-10), der einzige Mittler zwischen Gott und den Menschen (1 Tim 2,5).

Aber braucht man dann noch den geweihten Priester?

Sind nicht die Laien dabei, den geweihten Priester abzulösen? Wenn man die für undenkbar gehaltenen Veränderungen von damals bis heute bedenkt, erscheint es dann nicht doch irgendeines Tages möglich zu werden, dass Laien auch die heilige Messe zelebrieren können? Sind die Priester am Aussterben und die im Gottesdienst engagierten Laien die Vorhut einer neuen Kirche?

Nach der mit der orthodoxen Ostkirche gemeinsamen Überzeugung der katholischen Kirche wird man niemals auf den Dienst des geweihten Priesters verzichten können. Zu den Grundsätzen heutiger Gottesdiensttheologie gehört, dass niemand anderes in der liturgischen Versammlung für das Heil der Menschen wirkt als Christus selbst. Gewusst hat man dies zwar immer, aber früher lag doch das Schwergewicht etwas auf der anderen Seite, auf der Versammlung der Menschen, die Gott preisen, um ihm die ihm zustehende Ehre zu erweisen. Heute ist ganz klar: „Gott ruft sein Volk zusammen" („Gotteslob" Nr. 477), um ihm seine Gnade und Anteil an seinem göttlichen Leben zu schenken. Gott selbst ergreift die Initiative, er lädt ein, der Mensch antwortet auf diese Einladung; er nimmt teil am Gottesdienst, empfängt Gnade und Segen; er preist Gott für seine

Wohltaten und empfiehlt ihm bittend und für andere Menschen fürbittend sein Leben. Eigentlich müsste man das Wort „Gottesdienst" auseinanderschreiben, um seinen wahren Sinn aufzudecken: Gottesdienst ist Gottes-Dienst, Gottes Leben schaffender und heilender Dienst an den Menschen.

Eigentlich gibt es nur einen einzigen Priester, Jesus Christus, der die Menschen mit Gott, seinem Vater, verbindet. Er hat zugesagt, in jeder Versammlung seiner Gläubigen anwesend zu sein: „Denn wo zwei oder drei in meinem Namen versammelt sind, da bin ich mitten unter ihnen" (Mt 18,20). Ohne dass unsere Augen und Ohren dies wahrnehmen, ist Christus wirklich da und schenkt den Versammelten sein göttliches Leben, denn er ist gekommen, dass seine Jünger „das Leben haben und es in Fülle haben" (Joh 10,10). Aber wir auf unsere fünf Sinne angewiesenen Menschen müssen Christi Wort hören und seine Gabe empfangen, wir müssen ihn eben doch auf unsere sinnenhafte Weise erfahren. Wir müssen bei der Wandlung, bei der Lossprechung im Bußsakrament und in den anderen Sakramenten den Originalton Christi vernehmen, dass er selbst es ist, der die Gaben verwandelt, die Sünder losspricht, die Kandidaten des Priesteramtes weiht. Denn als reiner Menschendienst und mit heiligen Zeichen angereicherte Gebetsversammlung hätte der Gottesdienst nicht diese Heilsmacht für die Menschen, könnte er nicht Gottes Heil und Gnade so stark und autoritativ zusagen, dass ein Katholik selbst gegen die Bedenken seines eigenen Gefühlslebens sich der im Sakrament geschenkten Gnade sicher sein darf.

Ihn, der unsichtbar anwesend ist und an seinen Gläubigen handelt, den Augen und Ohren der Brüder und Schwestern zu vermitteln, das ist der bleibende und notwendige Sinn priesterlichen Tuns. Der Priester ist Werkzeug Christi; nichts tut er aus eigener Kraft, sondern er stellt sich Christus zur Verfügung, der im Gottes-Dienst den Seinen sein Leben schenken will.

DIES HEISST ABER NICHT, DASS DER PRIESTER IM GOTTESDIENST ALLES ALLEIN TUN MUSS

Es gibt also Vollzüge im gottesdienstlichen Leben der Kirche, die werden ihrem Wesen nach als Handeln Christi immer dem geweihten Priester vorbehalten bleiben. Es sind jene Worte und Gesten, in denen Christus, der Herr, selbst an den Menschen das Heil wirkt. Zu denken wäre beispielsweise an die Wandlung in der Eucharistiefeier oder an die Lossprechung im Bußsakrament. Nur wenn sie vom geweihten Priester „in der Person Christi" gesprochen und vollzogen werden, kann der Christ sicher sein, dass nicht ein gläubiger Mensch etwas Frommes tut, sondern Christus selbst an ihm sein Heil wirkt.
Eine große Mehrheit anderer liturgischer Vollzüge aber setzt den Dienst des geweihten Priesters nicht voraus. Es wäre geradezu ein Zeichen einer ungesunden Klerikalisierung des Gottesdienstes, alle Dienste im Altarraum nur von Priestern – oder zumindest Priesteramtskandidaten – leisten zu lassen und die Laien in die Rolle von Zuschauern und Zuhörern dessen zu verweisen, was der Klerus „vorne" tut.
In der Vergangenheit, also vor der liturgischen Erneuerung durch das Zweite Vatikanische Konzil, war dies aber leider so. Damals galten die Messdiener – so jung sie auch immer gewesen sein mögen – als Stellvertreter der eigentlich diese Dienste ausübenden Kleriker mit den niederen Weihen. Ministranten versahen früher also

gar keine richtigen Laiendienste, sondern vertraten die in aller Regel nicht vorhandenen Seminaristen, die schon die niederen Weihen erhalten hatten. Darum kamen auch nur Jungs als Messdiener infrage. Obwohl der kleine Knabe schon von seinem Lebensalter her unmöglich zu den Klerikern gerechnet werden konnte, wurde er aufgrund seines männlichen Geschlechts doch als „virtueller" Priester angesehen, der vielleicht eines Tages zum Priester geweiht selbst die Messe zelebrieren konnte. Das Laiesein eines solchen Messdieners, seine Teilhabe am gemeinsamen Priestertum aller Getauften, spielte aber keine Rolle.

Nach einer anderen Sichtweise hatte der Messdiener die Aufgabe, nicht nur dem Priester am Altar Assistenzdienste zu leisten, sondern in den vielen Privatmessen auch die abwesende Gemeinde zu vertreten, indem er statt der fehlenden Mitfeiernden dem Priester antwortete und mit ihm betete. Von daher kommt auch der manchmal noch anzutreffende Gedanke, der Messdiener am Altar würde die Gemeinde „vertreten", was nach den Maßgaben unserer erneuerten Liturgie völliger Unsinn ist: Die Gemeinde ist in die Feier einbezogen und braucht keinen Vertreter im zarten Kindesalter am Altar.

Heute aber haben wir wirklich echte, auf dem gemeinsamen Priestertum aller Gläubigen aus Taufe und Firmung gründende liturgische Laiendienste. Je mehr Menschen sich an der Gestaltung der Liturgie in ihrer Pfarrkirche beteiligen, desto eher kann ein Gottesdienst gefeiert werden, der durch die Teilnahme vieler unterschiedlicher Begabungen und Gnadengaben zu einem Festgottesdienst werden kann, der allen Teilnehmern ein wenig von der Schönheit und Faszination vermitteln kann, die Gott selbst eigen ist. Umgekehrt wäre die strikte Reservierung all dessen, was in der Liturgie geschieht, auf den zelebrierenden Priester eine arge Verarmung, ein „Ein-Mann-Konzert" eben, nicht aber die „konzertante" Fülle aller möglichen Dienste mit ihren eigenen Charismen.

Eine „Entinfantilisierung" tut dringend not – die Befreiung liturgischer Dienste vom Geruch des Kind(l)i(s)chen

Eduard Nagel, Redakteur der viel gelesenen Fachzeitschrift „Gottesdienst", stellte schon vor einiger Zeit etwas provozierend, aber durchaus zutreffend fest: „Wenn bei einer sonntäglichen Gemeindemesse außer dem Priester, dem dafür bezahlten Organisten und zwei kleinen Messdienern niemand in Erscheinung tritt, dann ist der Eindruck unvermeidlich, dass Kirche eine Sache von bezahlten Funktionären und Kindern ist" (Gottesdienst 23 [1989] 131). In der Tat waren früher liturgische Dienste neben den – eigentlich ja auch als zuständig betrachteten – Klerikern eine Sache von männlichen Kindern und Jugendlichen. Sie wurden nach der Erstkommunion für diese Dienste gewonnen und verabschiedeten sich zumeist in der Pubertätszeit wieder davon, weil mit dem Beginn des Interesses an der holden Weiblichkeit klar wurde, dass da wohl keine Priesterweihe und Primiz ins Haus standen und demnach auch der „Vertreterstatus" für Seminaristen mit den niederen Weihen wegfiel.
Man kann nur mit Bedauern feststellen, dass von hierher dem liturgischen Dienst ein gewisser kindlicher, wenn nicht sogar kindischer Charakter anhaftet, der es manchem Erwachsenen vielleicht sogar als „unpassend" erscheinen lässt, etwas derart Kindgemäßes zu über-

nehmen wie den Altardienst. Möglicherweise hat die Liturgie selbst daher Schaden genommen, indem sie als etwas dastehen konnte, was geweihte Hochwürdigkeiten und unschuldige Kinder betraf, nicht aber im vollen Leben stehende Menschen, schon gar nicht die Frauen. Gerade der ausschließlich von Erwachsenen wahrgenommene Kommunionhelferdienst hat die Chance, die liturgischen Dienste überhaupt von diesem Anhauch des Kind(l)i(s)chen zu befreien – vorausgesetzt, er wird so gestaltet, wie es der Würde der Liturgie entspricht. Wenn sich Kommunionhelfer(innen) dann auch bereitfinden, neben ihrem Dienst an der Eucharistie oder auch einmal, ohne sich überhaupt an der Kommunionausteilung zu beteiligen, Ministrantendienste zu übernehmen, dann ist der Anerkennung liturgischen Tuns als etwas sehr Ernsthaftes und darum auch Erwachsene Angehendes ein großer Dienst erwiesen. Zudem werden besondere Ministrantendienste – als Beispiel sei etwa das Bereithalten des Messbuchs für den Priester oder die Beweihräucherung der Gemeinde im Hochamt – viel glaubhafter von Erwachsenen vollzogen als von Kindern.

Wie der Kommunionhelferdienst entstanden ist

Wenn man verschiedenen Gewährsmännern – zu nennen sind etwa der Kölner Kirchenhistoriker Norbert Trippen, aber auch die Liturgiewissenschaftler Bruno Kleinheyer und Theodor Maas-Ewerd – glaubt, dann hängt die Einführung des Kommunionhelferdienstes mit dem Plan eines der konservativsten und den Erneuerungen des Zweiten Vatikanischen Konzils gegenüber äußerst skeptisch eingestellten Kirchenfürsten zusammen, den die Kirche zur Zeit des Konzils kannte: Alfredo Kardinal Ottaviani, damals Chef der heute sogenannten römischen Glaubenskongregation.

Verschiedene Entwicklungsstränge

Dem Vorhaben, verheirateten Männern die Möglichkeit zu eröffnen, die Diakonenweihe zu empfangen, standen Ottaviani und seine Gefolgsleute mit großem Misstrauen gegenüber. Sie fürchteten, dass auf diese Weise an der priesterlichen Ehelosigkeit gerüttelt würde. Gegen einen häufigen Kommunionempfang aber konnte niemand einen ernsthaften Einwand erheben; schon der heilige Papst Pius X. hatte Entsprechendes nachhaltig empfohlen. Damit war auch klar, dass man bei vielen Kommunikanten und bei alten und kranken Priestern an Helfer denken musste, die ihn bei der Kommunionausteilung in der Messe und bei der Krankenkommunion unterstützen sollten. Auf diese Weise wollte man die Einführung geweihter, aber eben verheirateter Diakone als unnötige Maßnahme verhindern.

An wen wurde wohl zuerst gedacht, um bei der Kommunionausteilung mitzuhelfen? Wenn keine Diakone infrage kommen sollten, dann eben Laien; aber bestimmt wurde an solche Laien gedacht, die ohnehin „einen direkten Draht" zum Leben der Kirche hatten, etwa an den örtlichen Lehrer, der mit bischöflicher Sendung („missio canonica") den Religionsunterricht erteilte, oder an die Ordensschwester, die als örtliche Krankenpflegerin ohnehin die Empfänger der Krankenkommunion kannte und auf diese Weise bei der Spendung derselben mithelfen konnte. Da es nach dem damals geltenden Kirchenrecht (Kanon 813) ein striktes Verbot für

Frauen gab, während der Messe den Altarraum zu betreten, kann man sich gut vorstellen, dass der Priester vom Altar mit zwei Hostienschalen an den Ort des Kommunionausteilens herantrat, der oder die Kommunionhelfer(in) dann von seinem/ihrem Platz zum Priester hinzutrat, von ihm eine der beiden Schalen empfing und zusammen mit ihm begann, die Kommunion auszuteilen.
Ein ganz anderer Entwicklungsstrang des Kommunionhelferdienstes wuchs in der damaligen DDR mit ihrer besonderen Situation für das Leben der Kirche unter einem religionsfeindlichen Regime, mit einer weit verbreiteten Diasporasituation und unter dem Druck eines sehr großen Priestermangels. So gewährte der Heilige Stuhl nach dem Zweiten Vatikanischen Konzil verschiedenen Bischofskonferenzen angesichts des Priestermangels die Möglichkeit, mit einer zeitlichen Befristung Laien, Frauen und Männer, mit der Kommunionspendung beauftragen zu können. Darum gab es seit dem Jahr 1965 in der ehemaligen DDR die sogenannten „Diakonatshelfer" – also keine Diakone, wohl aber Laien, Frauen und Männer, die das taten, was früher nur den Diakonen erlaubt war, und die nun als deren Helferinnen und Helfer angesehen wurden. Nur zwei Jahre später erhielten alle deutschen Bischöfe die Erlaubnis, männliche Laien und Hausobere sowie Oberinnen in klösterlichen Gemeinschaften mit der Austeilung der heiligen Kommunion zu beauftragen, wenn dies allein durch geweihte Amtsträger zu lange dauern würde. Diese Beschränkung in der Regel auf Männer hob die römische Gottesdienstkongregation Ende 1969 auf. Die letzte grundsätzliche rechtliche Regelung für den Kommunionhelferdienst ist das römische Lehrschreiben („Instruktion") vom 29. 1. 1973, das

nach seinen lateinischen Anfangsworten „Immensae Caritatis" benannt wird.

Die heikle Frauenfrage

Als man nach Abschaffung der „niederen Weihen" die auf Dauer eingerichteten Laiendienste des Akolythen und des Lektors schuf, da wurden die Frauen entgegen aller theologischen Einsicht ausgeschlossen unter der Bezugnahme auf die „altehrwürdige Tradition der Kirche", wonach diese Dienste bislang nur Männern übertragen wurden. Auch das noch im Jahr 1980 durch ein vatikanisches Dokument („Inaestimabile donum") ausgesprochene, in der Praxis nie ernsthaft angenommene und schließlich 1992 wieder aufgehobene Ministrantinnen-Verbot argumentiert ähnlich. Obwohl die übergroße Mehrheit der Teilnehmer am Gottesdienst weiblichen Geschlechts war und ist, war das Verhältnis zwischen Liturgie und Frauenwelt nie ganz unproblematisch. Heute kommt noch erschwerend die Diskussion um die Weihe der Frau hinzu.

Dies ist es auch, was nach wie vor Gegner der Messdienerinnen und der Wahrnehmung liturgischer Dienste durch Frauen heute auch in den Vordergrund stellen: Die Gemeinden könnten sich an „Liturginnen" im Altarraum gewöhnen, schließlich den (theologisch sehr gut begründbaren) Ausschluss von Frauen vom Weihesakrament nicht mehr verstehen und um der Gerechtigkeit willen die Priesterweihe von Frauen fordern. Aber: Mit liturgischen Diensten von *Laien* hat die Amtsfrage nichts zu tun und aus entsprechenden Ängsten die Hälfte der Gläubigen diskriminierend in die Schranken zu verweisen, das kann in der Kirche Christi keine Lösung sein.

Aber auch ohne diese Problematik ist das Verhältnis

zwischen Frau und Liturgie schon lange belastet. Angesprochen wurde bereits das Verbot für Frauen, den Altarraum während der Messe zu betreten, das bereits vor der rechtlichen Fixierung 1917 eine lange Vorgeschichte hat. Man meint (so der katholische Liturgiewissenschaftler Franz Kohlschein und die griechisch-orthodoxe Theologin Kyriaki Karidoyanes-FitzGerald), die Frau sei aufgrund ihres weiblichen Geschlechts (und der damit verbundenen Menstruation) kultisch weniger rein und darum auch für die Übernahme liturgischer Dienste als unfähig erachtet worden. Ältere Zeitgenoss(inn)en erinnern sich ja vielleicht noch an manche volkstümlichen, theologisch aber unsinnigen Anschauungen und Vorstellungen um die „Aussegnung" einer jungen Mutter in früheren Zeiten.
Alle Argumente, die in irgendeiner Form auf Vorstellungen von einer angeblichen kultischen Unreinheit aufbauen oder auf sonstige Weise theologisch „untermauert" eine Minderwertigkeit der Frau im Gottesdienst behaupten, besitzen nicht nur keinerlei Überzeugungskraft, sie sind von dem her, wie ein Christ von der Schöpfung und Erlösung durch Christus denken muss, einfach falsch. Niemand anderes als Papst Johannes Paul II. bezeugt dies in seinem Apostolischen Schreiben über die hohe Würde der Frau in einer Weise, die hinsichtlich der Eindeutigkeit keine Wünsche offenlässt (man vergleiche etwa „Mulieris dignitatem" Nr. 6 oder den Brief des Papstes an die Frauen vom 29. Juni 1995 in seiner Gesamtheit). Bezüglich des Anteils am gemeinsamen Priestertum der Getauften gibt es zwischen Mann und Frau keinerlei Unterschied; es sind gerade die Frauen, die in dieses gemeinsame Priestertum ihre Erfahrungen einbringen und es somit auf eine Weise prägen, die dem Weihepriestertum so gesehen fehlt.

Darum kann es auch für die Rolle der Frau im Gottesdienst keinen Unterschied zu derjenigen des Mannes geben; Frauen wie Männer haben als Laien kraft der Taufe in gleicher Weise Recht und Amt zur tätigen Teilnahme an der liturgischen Feier (Liturgiekonstitution Artikel 14) und damit auch zur Übernahme eines Dienstes darin. Ein erster amtlicher Schritt bestand darin, dass Papst Johannes Paul II. im Jahr 1992 (doch im „Amtsblatt" des Vatikans wurde diese Entscheidung erst zwei Jahre später veröffentlicht: AAS [Acta Apostolicae Sedis] 86 [1994] 541f.) Frauen und Mädchen im Einverständnis mit den Bischöfen den Ministrantendienst gestattete. Damit wurde nur amtlich abgesegnet, was viele Jahre zuvor schon das Zweite Vatikanische Konzil entschieden hatte, wenn es auch den Laiendienst der Ministranten als einen „wahrhaft liturgischen Dienst" (Liturgiekonstitution Artikel 29) anerkannt hatte, der nun einmal Laien betrifft, und die gibt es kraft der sich in der Schöpfung offenbarenden Weisheit Gottes nun einmal in zwei Geschlechtern.

Einem kleinen, aber effektiven „Befreiungsschlag" nicht unähnlich bestimmt ein ganz wichtiges Buch, das alle Gottesdienste regelt, denen ein Bischof vorsteht, das deutsche „Zeremoniale für die Bischöfe" aus dem Jahr 1998, in einer Vorbemerkung (S. 16): „Aus Gründen der leichteren Lesbarkeit wird in diesem Buch auf inklusive Formulierungen verzichtet. Die Begriffe Kommunionhelfer, Katecheten, Ministranten (für Kreuz, Rauchfass, Kerzen, Fackeln, Buch, Stab und Mitra), Lektor, Kantor, Psalmist, Kommentator, Kirchenmusiker (Chorleiter, Organist, Vorsänger, Sänger) gelten gleichermaßen für Frauen und Männer bzw. Mädchen und Buben."

Trotz aller gegensätzlichen Bemühungen kamen die zumeist verheirateten, ständigen (d. h. nicht auf die Priesterweihe zugehenden) Diakone doch. Ihr Dienst gehört längst zu den Selbstverständlichkeiten des kirchlichen Lebens und hat für dieses bis heute unzählige gute Früchte hervorgebracht.
Zu den heutigen Selbstverständlichkeiten gehört auch der Dienst vieler Kommunionhelferinnen und Kommunionhelfer. Vieles im liturgischen Leben unserer Pfarrgemeinden wäre überhaupt nicht oder zumindest nicht so vorstellbar, wie es mit ihrer Hilfe sein kann. Dies betrifft vor allem den Dienst, den Kranken, Alten und Behinderten die heilige Kommunion zu bringen. Doch auch und gerade die Feier des Gottesdienstes in unseren Kirchen selbst wird von der Mitwirkung der unterschiedlichen Laiendienste, und hier wieder ganz besonders durch den Kommunionhelferdienst, geprägt. Sie alle sollten mehr sein als die Übernahme einer kurz andauernden besonderen Aufgabe oder Funktion; sie sollten insgesamt über die aktuelle Wahrnehmung eines Dienstes (des Vorlesens, des Austeilens, des Assistierens) hinaus mit dafür Sorge tragen, dass durch den in der heimatlichen Pfarrkirche gefeierten Gottesdienst etwas von der Herrlichkeit und Liebe unseres Gottes durchstrahlen kann. In vielen Pfarrgemeinden ist in dieser Richtung schon viel geschehen; doch das meiste bleibt wohl noch zu tun.

VOM MYTHOS DER „GESALBTEN HÄNDE"

So selbstverständlich der Kommunionhelferdienst in der heutigen Kirche auch ist, eher traditionell eingestell-

te Katholiken haben damit ebenso ihre Schwierigkeiten wie mit der Handkommunion überhaupt. Wenn man sich die Wandlungen vor Augen hält, die sich innerhalb kurzer Zeit in der Kirche ereignet haben, dann werden diese Schwierigkeiten vielleicht etwas verständlicher. Noch vor wenigen Jahrzehnten war es den Messdienern in der Sakristei strikt verboten, irgendeines der heiligen Gefäße auch nur anzufassen – und heute empfangen die Gläubigen nicht nur die heilige Kommunion direkt auf die Hand, sondern Laien versehen auch als Kommunionhelfer(innen) einen Dienst, der vor einiger Zeit noch ganz einfach unvorstellbar war.
Eher traditionell orientierte Katholiken tun sich heute noch mit der Handkommunion schwer und sehen in der bereits jahrhundertealten und auch in anderen christlichen Kirchen selbstverständlichen Mundkommunion die einzig richtige Art zu kommunizieren. Zuweilen kann man sogar auf Kampfschriften einschlägiger Gruppen stoßen, nach denen angeblich Jesus selbst in besonderen Visionen und Offenbarungen an besondere Menschen die Handkommunion als Gotteslästerung gebrandmarkt hat und ihre Praxis mit furchtbaren Katastrophen in der Welt bestrafen wird.
All dies hält einer ernsthaften geschichtlichen und erst recht theologischen Betrachtung nicht stand. Vor allem darf es nicht darum gehen, verschiedenen Teilen des menschlichen Leibes unterschiedliche Würdegrade zuzumessen oder die Weisen des Entgegennehmens der eucharistischen Speise in den Mund oder auf die Hand von vornherein mit größerer oder minderer Ehrfurcht zu verbinden. Auf beide Weisen kann man sehr ehrfürchtig oder auch sündhaft unwürdig kommunizieren. Unstrittig ist die Handkommunion die ältere Kommunionweise. Sie verschwand nicht nur deshalb, weil die Ehrfurcht

der Menschen vor dem Kommunionempfang einer tiefen Angst vor einer unwürdigen Kommunion wich, sodass man immer seltener kommunizierte, sondern auch zur Verhütung abergläubischen Missbrauchs des Allerheiligsten. Man legte die Kommunion den Menschen auf die Zunge und sollte genau genommen sogar darauf achten, dass diese die eucharistische Speise auch hinunterschluckten, sie nicht mit nach Hause nahmen und als nur oberflächlich Bekehrte damit Unsinn trieben.
Immer wieder trifft man in diesen Zusammenhängen auf den „Mythos der gesalbten Hände" und damit wird auch vor allem gegen den Kommunionhelferdienst von Laien argumentiert: Danach werden in der Priesterweihe den neugeweihten Priestern die Hände gesalbt, damit sie gleichsam „gefahrlos" die heilige Hostie anfassen können; das heilige Salböl bildet sozusagen einen unsichtbaren, lebenslang funktionierenden Schutzhandschuh, mit dem der Geweihte die heilige Hostie gefahrlos und vor allem sündenfrei anfassen kann. Hinsichtlich der ungesalbten Laienhände trifft man auf die skurrilsten Ansichten; nach einer besonders zweifelhaften Meinung „erschrickt" Christus, wenn er sich auf einer ungesalbten Laienhand wiederfindet, so sehr, dass er unmittelbar die Hostie verlässt und sich beleidigt in den Himmel zurückzieht!
Dass all dies keine Grundlage in der Heiligen Schrift und in der großen Tradition der Kirche des Ostens und des Westens hat, steht zweifelsfrei fest. So gibt es die Salbungen der Hände im Ritus der Priesterweihe erst seit dem 6./7. Jahrhundert in der Weiheliturgie der keltisch-irischen Kirche und in derjenigen Spaniens, aber selbst in Rom fehlt sie noch vorerst! Auch in den Ostkirchen, deren Priester- und Bischofsweihen immer als gültig anerkannt wurden, gibt es sie bis heute nicht. Die Hän-

desalbung war in der Weiheliturgie niemals etwas anderes als eine nachträgliche Ausdeutung dessen, was im Zentrum der Feier durch die entscheidenden, aber vielleicht doch eher bescheidenen Vollzüge geschehen ist: Durch die schweigende Handauflegung und das nachfolgende Weihegebet werden die sakramentalen Weihen erteilt; alles andere will ausdeuten und entfalten, was das Sakrament bewirkt hat. Bei der Priesterweihe bedeutet darum die Händesalbung, dass damit symbolisch ausgedrückt werden soll, in welch hohe Würde und Aufgabe der neu geweihte Priester nun eingesetzt worden ist; seine Hände sind zu Segenshänden geworden. Keineswegs aber will die Händesalbung einen geistlichen Schutzhandschuh zum Berühren der Hostie verleihen. Damit zeigt das entsprechende Argument gegen den Kommunionhelferdienst seinen wahren Charakter: Es ist ein vielleicht eindrücklicher, aber dennoch unzutreffender Mythos.

Trotz allem ein außerordentlicher Dienst

Bei aller Würdigung der liturgischen Laiendienste im Allgemeinen und des Kommunionhelferdienstes im Besonderen muss aber gesagt werden, dass gerade dieser letztgenannte Laiendienst ein außerordentlicher Dienst ist. Das heißt ganz streng genommen: Wenn genügend Priester und Diakone anwesend sind, ist es zunächst deren Aufgabe, die heilige Kommunion auszuteilen; sie sind ordentliche Spender der heiligen Kommunion. Nun hat die Bezeichnung „außerordentlich" keineswegs etwas mit „unordentlich" zu tun, aber es gehört nun einmal zu den im Weihesakrament den Bischöfen, Priestern und Diakonen übertragenen Aufgaben, das Volk Gottes mit dem Leib und Blut unseres Herrn zu nähren. Darum sind sie im tiefsten Sinn des Wortes „Hirten“ oder nach dem volkstümlichen, lateinischen Wort dafür eben „Pastoren“. Wenn nicht genügend Priester und Diakone zugegen sind, dann versehen Frauen und Männer als Kommunionhelfer ihren Dienst. Dass Priester sich während der Kommunionausteilung hinsetzen und diese ihren Laien überlassen, ist ein Missbrauch, der dem Wesen des priesterlichen Amtes widerspricht.

Nun könnte es sein, dass jemand innerlich und äußerlich gut vorbereitet am Sonntagmorgen zur Kirche kommt, weil er/sie als Kommunionhelfer(in) eingeteilt ist, am Vorabend aber sich beim Pfarrer ein Mitbruder eingefunden hat, der an diesem Morgen konzelebrieren möchte. Eines steht fest: Auch dieser konzelebrierende Priester ist an der Kommunionausteilung zu beteiligen. Wenig diplomatisch und unklug wäre es aber, Herrn X oder Frau Y jetzt in der Sakristei mehr oder weniger geschickt und höflich zu sagen, dass man ihn/sie heute nicht braucht und mit kurzen Worten entlässt; so etwas führt nicht selten zu Frust und Enttäuschung. Als Lösung könnte sich anbieten, dass man heute eben statt zu zweit zu dritt die heilige Kommunion austeilt und den/die Kommunionhelfer(in) heute einmal ausnahmsweise mit der Kommunion auf die Empore oder in den rückwärtigen Teil der Kirche schickt. Manchem Mitbruder im Priesteramt ist hier eine gehörige Zusatzportion an pastoralem Geschick und feiner Diplomatie zu wünschen, aber auch an Wissen um die Identität des eigenen Amtes.

Im Gegensatz zu den Kommunionhelfern versehen aber Ministrantinnen und Ministranten (Kinder, Jugendliche und Erwachsene), Lektoren und Lektorinnen, ebenso Kantoren und Kantorinnen einen ordentlichen Dienst, der nicht von einem Geweihten ausgeübt werden soll. So bestimmt die Grundordnung des Römischen Messbuchs in Nr. 59: „Die Aufgabe, die Lesungen vorzutragen, ist, wie aus der Tradition hervorgeht, keine Sache des Vorstehers, sondern eines eigenen Dienstes. Die Lesungen sind daher von einem Lektor vorzutragen." Noch deutlicher wird Nr. 99 derselben Grundordnung: „Der Lektor hat in der Eucharistiefeier eine eigene Aufgabe, die er selbst wahrnehmen *muss*."

Wenn also z. B. anlässlich einer Primiz oder eines Priesterjubiläums sich im Altarraum viele Konzelebranten befinden, so ist es dennoch die Aufgabe von liturgischen Laiendiensten, Lektoren und Kantoren, die biblischen Lesungen vor dem Evangelium, die Fürbitten, den Psalmengesang vorzutragen und andere Dienste am Wort und am Gesang wahrzunehmen.

Welche Voraussetzungen gehören zum Kommunionhelferdienst?

Geeignet zum Dienst?

„Der Bewerber bzw. die Bewerberin soll ...", so lesen wir es täglich in den Stellenanzeigen der Zeitungen. Zu Recht, denn nicht jeder ist für jedes Amt und jeden Beruf geeignet. Ähnliches gilt auch für denjenigen, der in der Kirche ein Leitungsamt übernehmen soll. Für Bischofskandidaten gibt es ganz genau umschriebene Erwartungen; eher bleibt ein Bistum für längere Zeit verwaist, als dass man sich für einen Kandidaten entscheidet, dem man die Erfüllung der an ihn gestellten Aufgaben nur teilweise zutraut. Während des Theologiestudiums eines zukünftigen Priesters sollen be-

stimmte Geistliche – vielleicht etwas hochtrabend „Regenten" genannt – genau darauf achten, dass die Kandidaten wissenschaftlich und spirituell so gefördert werden, dass sie den Ansprüchen an das priesterliche Amt auch gewachsen sein werden. Auch die Kandidaten des Diakonats unterliegen einer längeren Probe- und Prüfzeit. Auch für verschiedene Laiendienste in der Liturgie braucht man ein Examen, um beispielsweise Organist und Chorleiter werden zu können.
Die Voraussetzungen für die Übernahme eines liturgischen Laiendienstes wie dem der Lektoren, Ministranten und eben auch der Kommunionhelfer sind jedoch anderer Art; zum Großteil sind sie überhaupt nicht oder nur schwer überprüfbar und somit in die Gewissensentscheidung eines jeden Einzelnen gelegt. Sicherlich sollten Menschen, die im Gottesdienst einer Gemeinde ins Rampenlicht treten, derart im Leben der Kirche verwurzelt sein und auf der Grundlage eines lebendigen Glaubens ein derartiges Leben führen, dass ihr alltägliches Leben nicht ihren liturgischen Einsatz Lügen straft.
Ein sehr wichtiges Kriterium für die Eignung, das aber jede(r) einzelne Bewerber(in) zuvor bei sich selbst anlegen muss, ist die ganz einfache Frage, ob dieser liturgische Dienst zur Persönlichkeit „passt". „Kann ich mich selbst als Kommunionhelfer(in) vorstellen – oder sträubt sich alles in mir gegen einen solchen Gedanken?" „Würde es mir Freude machen, mich im Gottesdienst zu engagieren, mitzuhelfen, dass in unserer Pfarrkirche eine würdige Liturgie gefeiert werden kann – oder ist mir dies völlig unvorstellbar?" Die ehrliche Beantwortung dieser und ähnlicher Fragen könnte etwas mit „Berufung" zu tun haben: Wem Gott bei aller anfänglichen Scheu und Schwellenangst eine tiefe Freude an der Vorstellung ins Herz gibt, in der Liturgie der Kirche ei-

nen wichtigen Dienst zu übernehmen und ins Rampenlicht der Öffentlichkeit zu treten, der ist gleichsam von ihm selbst „berufen“. Wer aber schon im Gedanken an eine Rolle im Gottesdienst in Panik gerät und viel eher dazu geneigt ist, ganz unauffällig mit anderen Gemeindemitgliedern am Gottesdienst teilzunehmen, der/die kann und darf nicht in seiner/ihrer Persönlichkeit überfordert werden und kommt für einen liturgischen Laiendienst bestimmt nicht in Betracht.

Ein „normaler“ Mensch

Dabei sollten Männer und Frauen, die sich zu einem liturgischen Dienst bereitfinden, zunächst einmal ganz normale und natürliche Menschen sein, mit besonderen Fähigkeiten ebenso versehen wie mit besonderen Marotten wie jeder Mensch. Er/sie ist weder ein Engel noch ein(e) Heilige(r). Er/sie hat sicherlich Freude am aktiven Mitgestalten der Liturgie, aber weder er noch sie brauchen diesen Dienst in der Kirche als Krücke zur Stützung einer schwachen Persönlichkeit.

Anders gesagt: Jemand, der sich zum Dienst in der Liturgie bereitfindet, ist zunächst einmal Mensch mit allen Vorzügen und Schwächen und dann erst jemand, der/die einen liturgischen Dienst wahrnimmt. Die umgekehrte Reihenfolge ist übel: Wenn jemand Minderwertigkeitsgefühle oder andere Komplexe dadurch auszugleichen versucht (man sagt dazu „Kompensation“), dass er/sie vor der Gemeinde „auftreten“ kann, dann wird sein/ihr Dienst schnell zur Show, zur unerträglichen Selbstdarstellung. Dies gilt aber prinzipiell und in gleicher Weise für alle, die Liturgie gestalten, vom jugendlichen Ministranten angefangen bis hinauf zum Kardinal-Erzbischof und selbst zum Papst!

In der Liturgie ist man kein anderer Mensch, wohl aber anders: Niemand kann in eine andere Haut schlüpfen, sondern jeder und jede bringt sich immer selbst mit, die Schwierigkeiten mit sich selbst und anderen, die Sehnsucht nach Angenommen- und Anerkanntsein, nach Identität und Geborgenheit. Aber auch hier gilt einer der klassischen Sätze der Theologie: „Gratia supponit naturam – Die Gnade setzt die Natur voraus". Wie in der Messe die irdischen Gaben von Brot und Wein Gott zur Verwandlung angeboten werden, so „braucht" die Gnade Gottes die ganz und gar irdische Wirklichkeit, um „landen" zu können. Der die Liturgie vollziehende Mensch – sei er Priester oder Laie – bringt sein Menschsein ein, seine Vorzüge und Fehler, seine Hoffnungen und Ängste. Er bietet Gott seine Fähigkeiten und seine Freude am liturgischen Tun und darf dann getrost darauf vertrauen, dass durch den Beistand von oben sein liturgischer Dienst das wertvolle Prädikat verdient, natürlich und überzeugend zu sein.

Ein frommer Mensch

Damit ist eine zweite Voraussetzung bereits angedeutet: Männer und Frauen, die einen liturgischen Laiendienst übernehmen, sollen fromme Menschen sein. Doch keine Angst vor dem Wort „fromm", mit dem beileibe keine Frömmelei gemeint sein kann, weil diese als etwas Unechtes ja wieder auf die unter allen Umständen zu vermeidende Show hinausliefe.
Echte Frömmigkeit macht den Menschen niemals zur Karikatur; sie steht mit beiden Beinen auf dem Boden und ist doch in dem verankert, der alle konkrete Wirklichkeit dieser Welt übersteigt, ja sogar sprengt. Geradezu provozierend lässt sich behaupten: Nur der from-

me, in einem lebendigen Gottesverhältnis geborgene Mensch kann überhaupt wirklich, d. h. menschenwürdig Mensch sein. Nur im Vertrauen darauf, dass Gott die engen Begrenzungen des Lebens aufsprengt, kann der Fromme die Gegebenheiten des Lebens akzeptieren, sich darin voll einbringen, um daraus nach seinen Kräften das Beste zu machen. In einer gesunden Frömmigkeit werden die Ängste und Nöte zwar nicht aufgehoben, aber im Vertrauen auf Gottes Liebe verlieren sie ihre Bedrohlichkeit und werden manchmal sogar zum Schweigen gebracht.

Der fromme Mensch ist ein Beter. Auch ohne viele Worte zu machen, steht er mit dem liebenden Gott im vertrauten Zwiegespräch. Dieses Zwiegespräch kann sogar wortlos sein; auch ein einfaches Ausharren bei ihm, der in unser Herz schaut, ist eine wertvolle Art der Anbetung. Der wahre Fromme beginnt alles, was er tut „in der guten Meinung", vertraut den Ausgang Gott an und erwartet von ihm die Erfüllung. Sein eigenes Schicksal und das der Menschen, die ihm verbunden sind, legt er vertrauensvoll in Gottes Hände. Als ästhetischer Mensch sucht er Gott allezeit im Wahren und Schönen und meidet alles Unrechte und Verlogene. Zu alledem sind wirklich nicht viele Worte oder besondere Anstrengungen nötig; stimmt die Grundausrichtung auf Gott, dann werden die einzelnen Worte und Werke schon davon durchdrungen.

Als eine das ganze Leben des Menschen angehende Sache ist echte Frömmigkeit nicht nur eine Sache des Empfindens, sondern auch des Verstandes. Der Fromme interessiert sich für Fragen des Glaubens und der Kirche; er strebt nach tieferer Erkenntnis und nach engerer Verbindung mit Gott und durch ihn mit den anderen Menschen, ja er betrachtet alles, die ganze Welt, die

Mitmenschen und sich selbst im Licht des Glaubens und vermag so die verborgene Schönheit und Würde von Menschen und Dingen zu entdecken, weil sie von Gott kommen und an seiner Herrlichkeit Anteil haben sollen. Die Entdeckung dieser Schönheit und Würde wird den Umgang des Frommen mit den anderen Menschen, ja mit der ganzen Schöpfung bestimmen. Es wird einer Gemeinde auf die Dauer nicht verborgen bleiben, ob und wie die Männer und Frauen im Gottesdienst fromme Menschen sind; die Weise, wie er/sie seinen/ihren Dienst versieht, wird es untrüglich offenbaren.

Ein mutiger Mensch

Als frommer Mensch ist der Mensch, der sich liturgisch engagiert, auch ein mutiger Mensch; damit ist die dritte Voraussetzung genannt. Das gläubige Vertrauen in Gottes durch nichts zu bezwingende Liebe hat den Mut zur Folge, sich im Vertrauen darauf ganz einzubringen.
Das heißt nicht, dass jeder Fromme – in der Folge jeder und jede, die einen Dienst in der Liturgie übernehmen – ein Draufgängertyp sein könnte oder müsste; auch zurückhaltende oder gar zur Ängstlichkeit neigende Persönlichkeiten können im Grunde ihres frommen Herzens sehr mutig sein. Es gehört schon Mut dazu, zu einer großen Versammlung von Menschen zu sprechen, ihnen einen Text vorzulesen oder besonders in Aktion zu treten. Zumindest in der ersten Zeit erfordert es Überwindung und Mut, ein liturgisches Gewand anzulegen, im Chorraum dauernd den Blicken von vielen Mitmenschen ausgesetzt zu sein, wissend, dass die anderen über einen reden und schwatzen werden und höchstwahrscheinlich gar nicht so freundlich.
Manch gestandener Mann und manche im Leben fest

verwurzelte Frau verlieren im liturgischen Dienst auch nach Jahren nicht das „Lampenfieber" und müssen sich jedesmal neu überwinden, wenn er bzw. sie zum Ambo geht, um eine Lesung vorzutragen. Dennoch bleiben sie ihrem Dienst treu, weil sie eben mutig sind, und weil dieser Mut nur ein Aspekt einer größeren Sache ist, nämlich der Freude am liturgischen Mitmachen überhaupt.

Und was ist Mut? Schon der römische Dichter Cicero definierte ihn als tugendhafte Mitte zwischen den beiden Untugenden Waghalsigkeit und Feigheit. Für eine sich lohnende Sache setzt sich der Mutige ein trotz aller Ängste und Bedenken. Um wie viel mutiger muss wohl erst der Christ sein, dessen Glaube ihm sagt, dass der Einsatz für ein lebendiges und reiches liturgisches Leben in seiner Pfarrgemeinde eine Sache ist, die allemal lohnt, wenn sie aus einem ehrlichen und frommen Herzen kommt!

Trotz aller Anfangsscheu und manch bleibendem Lampenfieber: Das Vorlesen vor einer großen Gemeinde, die Bewegungen unter den Augen aller im Chorraum, „die Figur, die man macht", das Anlegen eines liturgischen Kleides, all das hat noch keinem und keiner, der/die in der Liturgie mitwirken, auf die Dauer geschadet oder die Freude an seinem und ihrem Dienst verdorben – wie denn auch, kommt doch diese Freude letztlich als Geschenk von Gott selbst.

Ein „geschwisterlicher" Mensch

Die vierte Voraussetzung für die Übernahme eines liturgischen Laiendienstes ist eigentlich eine Sache, die man bei jedem Christen voraussetzen sollte, die aber dennoch nicht überall anzutreffen ist: die Geschwisterlichkeit.

Durch Christi Blut am Kreuz wie durch das im Kelch befindliche werden die Menschen zu Blutsbrüdern und Blutsverwandten, durch Christus werden sie alle zu Kindern Gottes. Dies sollte als herzliches Miteinander besonders bei den Leuten zu spüren sein, die sich an der Gestaltung der Geheimnisse unserer Erlösung aktiv beteiligen. Unter denen, die einen liturgischen Laiendienst ausüben, sollten Streit, Eifersucht und Profilierung auf Kosten anderer unbekannt sein. Es sollte gerade unter ihnen eine Atmosphäre herrschen, in der man sagen kann, was man denkt und in der Konflikte ausgeräumt werden.

Rechtliche Bestimmungen des Kommunionhelferdienstes

„Auf sieben Stufen zum Altar"

Diesen Titel trug eine im Jahr 1962 von Bernardin Goebel veröffentlichte „Besinnung auf die Weiheliturgie". Die „sieben Stufen" stehen symbolisch für die „niederen Weihen" von der Tonsur (= Aufnahme in den Klerikerstand und Beschneiden der Haare als Zeichen der Demut als wahre Zierde des Klerikers) und dem Ostiarier (= entspricht ungefähr dem Küster) bis hin zum Subdiakon und Diakon (die erste höhere Weihe), die ein Priesteramtskandidat durchlaufen musste, bevor er die Priesterweihe empfing. Viele dieser Zwischenstufen hatten ein ehrwürdiges Alter und gingen zum größten Teil auf die ausgehende Antike zurück. Einmal hatten sie alle auch eine wirkliche Bedeutung im Leben der Kirche, dann aber wurden sie zu leeren Formen, die für die wirkliche liturgische und seelsorgliche Praxis völlig

bedeutungslos geworden sind. Kurz: Man wurde zu etwas liturgisch beauftragt, das im normalen Leben einer Pfarrei überhaupt nicht mehr vorkam. Völlig widersinnig zeigte sich dies im Falle des Exorzisten: Er bekam ein Buch mit Exorzismusgebeten überreicht, die vor vielen Jahrhunderten im Zusammenhang mit der langen Taufvorbereitung von Erwachsenen eine Rolle spielten, die aber heute zu beten dem Exorzisten ausdrücklich nicht gestattet war!
Viele Theologen und Kirchenführer waren mit dieser Situation wenig einverstanden und suchten nach neuen Lösungen. Dabei wurde einmal überlegt, die „niederen Weihen" noch einmal mit wirklichen Aufgaben im Leben der Pfarreien zu verlebendigen, andere tendierten auf ihre völlige Abschaffung als Anachronismus.

Auf Dauer institutierte Dienste

Eine entscheidende Neuerung kam im Jahr 1972 durch das Motuproprio Papst Pauls VI. mit dem Titel „Ministeria quaedam" (= „Gewisse Dienste"). Die niederen Weihen wurden abgeschafft. Stattdessen sollte es Laiendienste geben, die mit Auftrag und Sendung des Bischofs auf Dauer einen besonderen liturgischen Dienst als Lektor bzw. Akolyth (erwachsener Diener bei der Messfeier und außerordentlicher Kommunionspender, also weitgehend den heutigen Kommunionhelfern entsprechend) auch in den Gemeinden versehen sollten.
Durch innere Widersprüche bei der Einführung dieser Dienste, vor allem aber durch den durch keine theologischen Argumente zu begründenden Ausschluss von Frauen von diesen auf Dauer vom Bischof übertragenen Laiendiensten kam es aber leider zu einer faktischen Wiedereinführung der „niederen Weihen" für Kandida-

ten des Diakonen- und Priesteramts. In den Pfarreien kommen diese Laiendienste nur dann vor, wenn ein Priesteramtskandidat in den Ferien zu Hause ist und in der heimatlichen Pfarrkirche diese Dienste auch ausübt! Das, was man abschaffen wollte, hat man wieder eingeführt: Dienste, die im Leben der Pfarrei in den allermeisten Fällen gar nicht vorkommen. Und noch mehr: Auf „Dauer" übertragene Dienste werden von den Kandidaten des Priester- und Diakonenamtes doch nur so lange ausgeübt, bis sie selber nach nur kurzer Zeit an den Weihealtar herantreten und damit aufhören, liturgische Laiendienste zu versehen, um als Priester und Diakone ihren Part in der Liturgie zu übernehmen.

Die eigentlichen Kommunionhelfer

Nicht „Ministeria quaedam" ist für die Kommunionhelfer(innen) maßgebend, sondern ein ganz anderes vatikanisches Dokument mit dem Titel „Immensae caritatis" (= „Testament der unvorstellbaren Liebe Gottes") von 1973.
Diese unglückselige Zweiteilung der liturgischen Laiendienste ist nicht nur theologisch völlig unsinnig, da sie doch über alle Zweifel erhaben als Laiendienste in der Würde des gemeinsamen Priestertums aller Getauften gründen. An der Parallelität zweier unterschiedlicher Laiendienste krankt die Reform der liturgischen Dienste seit Anbeginn und hat für nicht wenige Irritationen, Fehlinterpretationen und Fehlentwicklungen, für von der Sache wie von der Theologie her unbegründete Ängste und auch für klerikalistische, auf die Wahrung von Standesunterschieden achtende Grenzziehungen gesorgt, die dem Leben der Kirche, dem liturgischen Leben allzumal, nicht gutgetan haben.

Nach der heute gültigen Regelung lädt der Bischof zu diözesan oder regional organisierten Vorbereitungswochenenden ein, an deren Ende ein Beauftragungsgottesdienst steht, in dem die neuen Kommunionhelfer(innen) ihre bischöflichen Beauftragungsurkunden erhalten. Die darin ausgesprochene Beauftragung gilt im Gegensatz für die auf „Dauer" übertragenen Dienste an Kandidaten des Priester- und Diakonenamtes nur für einen bestimmten Zeitraum, kann aber immer wieder erneuert werden.

Zwei Urkunden

Als Beispiel für die Beauftragungsurkunden und die darin enthaltenen Bestimmungen seien jene zitiert, welche das Erzbistum Paderborn und das Bistum Trier seinen neuen Kommunionhelfer(inne)n überreicht (siehe Seite 69 und 70).
Welche rechtlichen Bestimmungen sind aus diesen Urkunden ersichtlich? Zunächst die Beauftragungsdauer. Wie an den beiden Beispielen sichtbar wird, regeln die Bistümer selbst die Beauftragungsdauer; den drei Jahren im Erzbistum Paderborn stehen fünf Jahre im Bistum Trier gegenüber.
Diese zeitliche Begrenzung hat auch eine positive Seite: Manch eine(r) merkt im Lauf der Zeit, dass der Kommunionhelferdienst ihn/sie eben doch nicht so ausfüllt, wie man das erhofft hat. Vielleicht erfordert er doch zu viel Zeit und Kraft. Vielleicht kommt es dadurch auch zu Spannungen im Familien- oder Freundeskreis. Auch nicht auszuschließen sind Entwicklungen in der christlichen Lebensführung, die sich nur schlecht mit dem Kommunionhelferdienst vereinbaren lassen, denken wir nur an das Scheitern einer Ehe.

Bischöfliches Wappen
NAME DES BISCHOFS
Bischof von Trier

Frau Andrea G., Ringstraße, XY

Sehr geehrte Frau G.,

durch die Teilnahme an einem Einführungskurs haben Sie sich auf den Dienst der Kommunionspenderin vorbereitet.

Für Ihre Bereitschaft danke ich Ihnen und beauftrage Sie hiermit als Helferin bei der Spendung der heiligen Kommunion. Die Beauftragung gilt für fünf Jahre.

Ich vertraue darauf, dass Sie diesen Dienst in gläubiger Gesinnung und im Einvernehmen mit dem verantwortlichen Seelsorger vollziehen.

Für die Ausübung dieses Dienstes gelten die „Richtlinien für Kommunionhelferinnen", die im Kirchlichen Amtsblatt für das Bistum Trier vom 1. Mai 1983, Nr. 96, veröffentlicht wurden.

Von Herzen wünsche ich Ihnen Gottes Segen.

Siegel Unterschrift

Trier, Datum

Wappen des Erzbischofs

Sabine R.

wird mit dem Dienst der Kommunionhelferin in der Pfarrei
St. Marien in XY
beauftragt.

Diese Beauftragung bezieht sich nur auf die vorgenannte Kirchengemeinde. Der Dienst erfolgt in ausdrücklichem Einverständnis mit dem zuständigen Geistlichen. Er umfasst die Mithilfe während der Messfeier und bei der Kommunion der alten und kranken Mitglieder der Gemeinde.

Darüber hinaus gilt diese Beauftragung für Sonderfälle (Wallfahrten, Schulmessen u. ä.), immer jedoch im Einverständnis mit dem jeweiligen Geistlichen.

Für die Austeilung der heiligen Kommunion sind im Übrigen die kirchenrechtlichen Bestimmungen zu beachten.

Die Beauftragung gilt für drei Jahre.

Paderborn, Datum

Der Erzbischof von Paderborn
d. m.

Siegel

Unterschrift des Generalvikars

Statt direkt den Dienst aufzukündigen – was wohl begründet auch geschehen kann, vom Kommunionhelfer selbst her ebenso wie vom Pfarrer her –, hat durch die zeitliche Befristung jede(r) die Möglichkeit, nach Ablauf der Beauftragungsfrist ohne jede Nachfrage aus dem Dienst wieder auszuscheiden.
Wer aber nach Ablauf der Beauftragungsfrist weiter machen möchte, dem/der steht dies allezeit offen. Verschieden wird die Verlängerung gehandhabt; einige Bistümer schicken neue Beauftragungsurkunden, andere verlängern die Beauftragungen generell durch eine Anzeige im „Kirchlichen Amtsblatt" am Ende eines Jahres. Jedenfalls sollte der/die Kommunionhelfer(in) dem Pfarrer signalisieren, dass er/sie in diesem Dienst weiterzumachen wünscht.
Des Weiteren wird das enge Dienstverhältnis des/der Kommunionhelfers/Kommunionhelferin mit dem Pfarrer bzw. dem zuständigen Geistlichen (etwa dem Hausgeistlichen in einem Krankenhaus oder einem Altenheim) angesprochen. Hier kommt das zum Tragen, was oben unter dem „außerordentlichen" Charakter des Kommunionhelferdienstes angesprochen wurde. Man kann es vielleicht auf folgende Kurzformel bringen: Nichts darf gegen den Pfarrer oder zuständigen Geistlichen getan werden – aber so ziemlich alles mit ihm und seinem Einverständnis und in seinem Auftrag. Gerade mit dem liturgischen Dienst vertragen sich Streitereien, Profilneurosen oder Konkurrenzdenken zwischen Laien und Klerikern keineswegs. Nach einem Wort der Liturgiekonstitution (Artikel 28) sollen alle liturgischen Dienste all das, aber auch nur das tun, was ihres Amtes ist und ihrem kirchlichen Stand entspricht.
Ein Aspekt davon ist die in der Paderborner Urkunde besonders angesprochene Anbindung des Kommuni-

onhelferdienstes an eine bestimmte Kirchengemeinde. Diakone, Priester und Bischöfe sind bei aller Anbindung an ihr Bistum doch Amtspersonen der einen katholischen Weltkirche und können ihren Dienst – mit Ausnahme einiger sakramentaler Handlungen wie die Vornahme von Trauungen und das Beichtehören – überall versehen.

Anders der/die Kommunionhelfer(in): Er/sie ist an seine/ihre Pfarrgemeinde gebunden und kann z. B. nicht im Urlaub in die Sakristei der dortigen Kirche gehen und sich als Kommunionhelfer(in) anbieten. Etwas anderes ist es natürlich, wenn im Ferienort ein älterer oder kranker Priester danach fragt, ob nicht vielleicht ein(e) Kommunionhelfer(in) unter den Gläubigen zugegen ist, der/die ihn bei der Kommunionausteilung unterstützen könnte. Natürlich werden sich etwa anwesende Kommunionhelfer(innen) melden und ihren Dienst auch weit entfernt von der heimatlichen Pfarrgemeinde versehen. Gerade hier gilt, was die Paderborner Urkunde klar einprägt und gleichsam als Schlüsselwort für (fast) alle Einsätze im Kommunionhelferdienst dienen kann: immer „im Einverständnis mit dem jeweiligen Geistlichen".

Dies gilt auch für den Fall einer Wallfahrt oder einer sonstigen Reise der Pfarrei an einen anderen Ort, an dem die heilige Messe gefeiert werden soll. Wenn der zuständige Heimatpfarrer seine Kommunionhelfer(innen) bittet, auch dort für die mitreisenden Gemeindeangehörigen ihren Dienst zu versehen, so ist dies fraglos möglich.

Anzusprechen bleibt hier auch noch das bereits oben Erwähnte: Es kann bei einem im diplomatisch klugen Umgang mit Menschen wenig begabten Pfarrer durchaus vorkommen, dass er seinen Kommunionhelfer(inne)n kurz vor Beginn der Messe sagt, ihr Dienst sei heute wegen eines eigentlich nicht eingeplanten Konzelebranten nicht vonnöten. Rein rechtlich gesehen hat er Recht! Doch sollten – wie erwähnt – andere Lösungen gesucht werden, die niemanden vor den Kopf stoßen und zugleich die liturgische Ordnung wahren. Vor allem aber sollte sich niemand dadurch seine Einsatzfreude für die Kirche und ihren Gottesdienst trüben lassen.

Berufung, Ausbildung, Beauftragung, Fortbildung, Vertiefung

Berufung – wie wird man Kommunionhelfer(in)?

Im Gegensatz zu den liturgischen Diensten der geweihten Amtsträger und der hauptamtlich in der Seelsorge – und damit auch im Gemeindegottesdienst – tätigen Laien ist die Frage der „Berufung" von Kommunionhelfer(inne)n kaum geregelt.

Berufung ist ja zunächst einmal eine geistliche Angelegenheit: Gott beruft einen Menschen zu einem besonderen Dienst an seinem Volk. Die Kirche anerkennt diese besondere Berufung, indem sie diesen Menschen in ein besonderes Amt beruft und damit die an ihn ergangene Berufung durch Gott anerkennt. Ein erstes „Berufungskriterium" wurde ja schon genannt: Die Frage nach der „Vorstellbarkeit" und Freude bei dem Gedanken an die Übernahme eines liturgischen Dienstes, die darüber Auskunft gibt, ob der Laiendienst im Gottesdienst zur eigenen Persönlichkeit passt oder nicht. Wer aber ergreift die Initiative, dass jemand Kommunionhelfer(in) werden kann?

Dies ist in vielen Fällen der Ortspfarrer. Er stellt einen

Bedarf an Kommunionhelfer(inne)n fest und bespricht dies mit seinem Pfarrgemeinderat. Bestimmt hat er auch schon feste Vorstellungen über bestimmte Personen, die ihm als besonders geeignet erscheinen. Oft genug aber wird der Pfarrer auf Widerstand stoßen, gerade bei solchen Personen, die er aufgrund ihrer lebendigen Teilnahme am pfarrlichen Leben oder wegen ihrer Persönlichkeit besonders geeignet findet. Zeitmangel, Rücksichten auf die Familie – vieles wird vorgeschoben, doch in den allermeisten Fällen sind es Angst und Scheu vor einem liturgischen Dienst, der früher ganz und gar klerikal besetzt war; es ist weitgehend eine Angst, „klerikalisiert" zu werden.

Der Pfarrer wird gegen diese Ängste ankämpfen und – je mehr er in Übereinstimmung mit seinen Beratern und dem Pfarrgemeinderat eine solche Person als geeignet ansieht – alles daransetzen, dass sie schließlich zur Übernahme dieses Dienstes zustimmt. Alsdann wird ein(e) zukünftige(r) Kommunionhelfer(in) beim Bischöflichen Ordinariat gemeldet und zum nächsten Vorbereitungskurs angemeldet.

Zwar sagte bereits der heilige Papst Gregor, derjenige solle gerade kein Bischofsamt in der Kirche erhalten, der danach strebe – doch warum soll es bei Kommunionhelfer(inne)n genauso sein? Durchaus ist denkbar, dass jemand dem Pfarrer gegenüber seine Bereitschaft zu einem der liturgischen Dienste erklärt, weil ihm/ihr dies große Freude bereiten würde. Aber auch hier ist der Pfarrer bei aller Freude über den guten Willen und das Engagement eines seiner Pfarrkinder gut beraten, sich mit anderen abzusprechen und die aufgezeigten Entscheidungswege einzuhalten.

Ausbildung – welches Wissen gilt es zu vermitteln?

Religiöses Grundwissen sollte bei jemandem, der sich für die Übernahme eines liturgischen Laiendienstes interessiert, vorauszusetzen sein. Denn wer sollte hierfür ein Interesse oder gar eine Bereitschaft zeigen, der nicht treu am Gottesdienst teilnimmt und im liturgischen Leben der Kirche beheimatet ist? Darüber hinaus muss liturgischen Laiendiensten generell Grundsätzliches über die Theologie, Geschichte und gegenwärtige Gestalt des Gottesdienstes vermittelt werden. Liturgische Bildung tut not, die auch allen Mitfeiernden gut täte und die Teilnahme an der Liturgie umso tiefer und religiös fruchtbarer machen könnte. Entsprechende Literatur dazu gibt es zuhauf. Den Kommunionhelfer(inne)n sollten dazu einige Zugänge zum eucharistischen Geheimnis eröffnet und für ihre Frömmigkeit nutzbar gemacht werden, damit sie ihren Dienst so versehen können, wie der Bischof in der Feier der Priesterweihe seine neu geweihten Priester ermahnt: „Bedenke, was du tust, ahme nach, was du vollziehst, und stelle dein Leben unter das Geheimnis des Kreuzes."

Natürlich müssen die Kommunionhelfer wie alle anderen liturgischen Laiendienste in die besonderen Einzelheiten ihres Dienstes eingewiesen werden. Das, was neben den eher grundsätzlichen Überlegungen und theologischen Perspektiven zur Ausbildung guter Kommunionhelfer(innen) zum Ausbildungsprogramm gehören sollte, möchte dieses kleine Buch ja bieten.

Im strengen Sinn besteht die Beauftragung der Kommunionhelfer(innen) durch die Überreichung der vom Bischof unterzeichneten Beauftragungsurkunde. Dies kann am Ende des Vorbereitungskurses erfolgen oder durch den Pfarrer, dem diese Urkunde zugeschickt wird, damit er sie den Damen und Herren überreicht. Von Diözese zu Diözese ist dies unterschiedlich geregelt.
In jedem Fall aber soll die Beauftragung öffentlich und im Rahmen eines Gottesdienstes geschehen. Vorstellbar ist folgende liturgische Gestaltung der Beauftragung:
Die heilige Messe wird wie üblich unter Mitwirkung anderer Laiendienste – Lektor(inn)en und Ministrant(inn)en – gefeiert bis zur Ansprache. Nach der Ansprache und dem Glaubensbekenntnis wendet sich der beauftragende Priester an die neuen Kommunionhelfer(innen) etwa mit folgenden Worten:

P: Schwestern und Brüder, heute werden Sie zu einem besonderen Dienst in der Kirche bestellt, zum Dienst des Kommunionhelfers. Es ist ein Dienst an der Eucharistie, die Gipfel und Quelle des Lebens der Kirche ist. Durch die Eucharistie wird das heilige Volk Gottes auferbaut und in seinem Wachstum gefördert. Sie sollen den Priestern und Diakonen Helferinnen und Helfer sein und sie nötigenfalls sogar vertreten, indem Sie den Gläubigen die heilige Kommunion reichen und diese auch zu den Kranken bringen.
Sie sollen sich bemühen, dem gekreuzigten und auferstandenen Herrn immer treuer zu folgen. Deshalb müssen Sie aus der Kraft des eucharistischen Opfers leben.

Ihren heiligen Dienst werden Sie tiefer und freudiger erfahren, je mehr Sie sich durch Christus, unseren Herrn, dem lebendigen und gütigen Gott zur Verfügung stellen. Haben Sie darum wie unser Herr die Liebe zu allen Menschen, zu den Brüdern und Schwestern, denen Sie ab heute den Leib Christi und sein Blut austeilen werden.

So frage ich Sie: Sind Sie bereit, mit aller gebotenen Ehrfurcht und heiligem Eifer den Dienst an der allerheiligsten Eucharistie zu übernehmen?

Kandidaten: Ich bin bereit.

P: Lasset uns beten zu Gott, dem allmächtigen Vater, dass er diesen Schwestern und Brüdern, die er zum Dienst an der heiligen Eucharistie erwählt hat, Gnade und Segen schenke und ihnen Kraft gebe zu treuem Dienst in seiner Kirche.

Allmächtiger, ewiger Gott, durch deinen Sohn hast du die Welt vom ewigen Tod erlöst und der Kirche das Brot des Lebens und den Kelch des Heiles anvertraut. Allen, die davon essen und trinken, hat er das ewige Leben verheißen.

So bitten wir dich: Segne und heilige + unsere Schwestern und Brüder, die zum Kommunionhelferdienst bestimmt sind. Gib, dass sie sich ganz einsetzen, wenn sie am Altar ihren Dienst tun und wenn sie den Leib und das Blut Christi austeilen. Lass sie im Glauben und in der Liebe wachsen zum Aufbau deiner Kirche und zu ihrem ewigen Lohn im Himmel.

Darum bitten wir dich durch Jesus Christus, deinen Sohn, unseren Herrn und Gott, der in der Einheit des Heiligen Geistes mit dir lebt und herrscht von Ewigkeit zu Ewigkeit.

A: Amen.

Es folgt der Einzelsegen, die Übergabe der Ernennungsurkunden und der Glückwunsch. Die Messe wird mit den Fürbitten fortgesetzt.

Wenn zum Ende des Kommunionhelferkurses im Auftrag des Bischofs auf diese Weise die Beauftragung ausgesprochen wurde und die Beauftragungsurkunden überreicht worden sind, so sind die heimatlichen Pfarrer dennoch gut beraten, ihre neuen Kommunionhelfer(innen) ihren Dienst nicht ohne jede Einführung beginnen zu lassen. Ohne die Beauftragung selbst zu wiederholen, sollten die neuen Kommunionhelfer(innen) an geeigneter Stelle der Messe der Gemeinde vorgestellt und zu ihrem Dienst willkommen geheißen werden. Gegebenenfalls könnte auch die Beauftragungsurkunde des Bischofs verlesen werden.

Fortbildung und Vertiefung – Ankämpfen gegen die Routine

Männer und Frauen in liturgischen Laiendiensten sollten als eine der Gruppen in der Pfarrei zusammenhalten und auch den Pfarrer, die anderen Priester und Diakone in ihrer Mitte als Brüder herzlich aufnehmen, sodass das Leben nicht das liturgische Erscheinungsbild Lügen straft. Könnten sich die Laiendienste zusammen mit den „Hauptamtlichen" nicht in einem festen Turnus treffen, um gemeinsam die bevorstehenden Gottesdienste zu besprechen, aber auch um zu beten und über Glaubensfragen zu sprechen? Könnten nicht die Laiendienste als Gruppe ab und zu mit dem Pfarrer das Stundengebet verrichten? Einkehrtage, aber auch Ausflüge und Stammtische könnten geeignete Hilfen sein, zueinanderzufinden und immer wieder damit anzufangen, vom Altar aus die Kirche als Gottes Familie aufzubauen.

Das, was man über die allerersten Christen sagte, kann heute zuweilen sehr zynisch wirken: „Sie waren ein Herz und eine Seele" (Apg 4,32). Dass dieses Wort wieder so ernst genommen wird, wie es in der Bibel steht, das ist eine Aufgabe, die jeden Christen angeht, besonders jedoch jene, die im Rampenlicht stehen und das Erscheinungsbild „der Kirche" bestimmen; das sind neben dem Priester und anderen Hauptamtlichen auch die Frauen und Männer, die einen Dienst in der Liturgie übernommen haben.
Etwas anderes ist die Fortbildung im eigentlichen Sinn. Immer wieder gibt es auf diözesaner Ebene oder in anderen kirchlichen Institutionen Angebote für liturgische Fort- und Weiterbildung sowie für Einkehrtage und Exerzitien. Für nähere Informationen wende man sich an die Pastoralämter der Generalvikariate in den jeweiligen Bistümern. Alle diese Angebote sollen dazu beitragen, den übernommenen liturgischen Dienst tiefer in seiner Bedeutung zu erkennen und entsprechend tiefer und auch bereichernder wahrzunehmen. Schon manche(r) Kommunionhelfer(in) kam über den Einsatz im Gottesdienst zu einem solchen Interesse an der Liturgie der Kirche, dass er/sie sich zum „Fernkurs Liturgie" anmeldete, den das Deutsche Liturgische Institut Trier anbietet. Hier die Anschrift: Deutsches Liturgisches Institut, Weberbach 72a, 54290 Trier, Telefon 0651-94808-0. Übrigens: Durch den liturgischen Dienst und das entsprechende Interesse an theologischer und liturgischer Fortbildung wurden auch schon nicht wenige geistliche Berufungen geweckt.

Mein Dienst als Kommunionhelfer(in) im Gottes-Dienst

Was kommt als Kommunionhelfer(in) alles auf mich zu? In diesem dritten Kapitel sollen alle möglichen Aspekte dieses Dienstes aufgegriffen werden.

Zusammen mit den anderen Diensten Liturgie gestalten

Der Kommunionhelferdienst ist nur einer von mehreren liturgischen Diensten, die im heutigen Gottesdienst von Laien übernommen werden können. Jeder dieser Dienste hat sein eigenes Profil und setzt auch unterschiedliche Charismen und Begabungen voraus. Während Lektoren und Lektorinnen gut und verständlich vorlesen, Kantoren und Kantorinnen richtig und schön vorsingen können müssen, ist dies von den Kommunionhelfer(inne)n nicht verlangt. Hier sind andere Voraussetzungen nötig, insbesondere ein Gefühl für liturgisch angemessene Haltungen, die aus einem lebendigen Glauben an das eucharistische Geheimnis entspringen.
Darum sollte auch als Regel gelten, dass jeder unterschiedliche liturgische Laiendienst auch von verschiedenen Laien wahrgenommen werden soll. Jede(r) sollte nur einen von den unterschiedlichen liturgischen Laiendiensten versehen. Auf diese Weise kann auch einer unguten „Klerikalisierung" bestimmter Einzelpersonen in der Gemeinde vorgebeugt werden, wenn etwa Frau X oder Herr Y ständig ihren/seinen Dienst tut und zunehmend als ebenso unverzichtbares Element der pfarrli-

chen Liturgie wahrgenommen wird wie der Herr Pfarrer selbst. Eine Gruppe verschiedener Laiendienste und hier auch wieder wechselnder Einzelpersonen kann dazu beitragen, dass – je mehr mitmachen, desto deutlicher wird es – die Sorge für eine würdige Liturgie eines der wichtigsten Anliegen einer Pfarrgemeinde sein muss. Auch kann es für den/die eine(n) oder andere(n) keine geringe Entlastung sein, seinen/ihren Dienst innerhalb einer Gruppe von gleichermaßen am liturgischen Dienst interessierten Menschen zu versehen, statt ganz allein mit und neben dem Priester ins Rampenlicht der Öffentlichkeit zu treten.

Wie viele Laiendienste werden überhaupt benötigt? Fragen wir nach der Höchstform: Werden Kyrierufe gebetet, wie im Messbuch vorgesehen zwei Lesungen gelesen, Fürbitten und ein Kommuniongebet in der Messe gesprochen, so können gut und gerne zwei Lektor(inn)en mitwirken. Ein(e) Kantor(in) wird in der Regel ausreichen. Je nach Zahl der Teilnehmer wird man zuweilen auch mehrere Kommunionhelfer(innen) einsetzen, zumal dann, wenn die heilige Kommunion unter beiderlei Gestalt gereicht wird. Sind neben den Jugendlichen und Kindern auch Erwachsene im Ministrantendienst eingesetzt, so mehrt sich noch die Zahl der liturgischen Laiendienste. In einem feierlichen Hochamt an Sonn- und Feiertagen können – auch wenn ein Diakon mitwirkt – gut und gern sechs bis acht erwachsene Laiendienste mitwirken – aber das ist dann auch die wohl nur selten zu verwirklichende Höchstform. Die liturgische Realität in den meisten Kirchen wird auch an den Sonntagen eine ganz andere sein; man wird froh sein können, jeden Laiendienst mit engagierten Christen und Christinnen besetzen zu können. Aber warum soll man das Ideal einmal nicht vor Augen haben dürfen?

Was für den sonntäglichen Gemeindegottesdienst als Regel beobachtet werden sollte, kann sich in Werktagsgottesdiensten mit wenigen Mitfeiernden sogar ins Gegenteil kehren: Zwar gilt auch hier als Ideal, dass alle Laiendienste von verschiedenen Personen wahrgenommen werden sollten, aber angesichts der wenigen Mitfeiernden wird dies problematisch. So könnte es sogar zu einer „Dienstehäufung" kommen, wenn Lektoren-, Ministranten- und Kommunionhelferdienst (in kleinen Gruppen z. B. notwendig für die Reichung des heiligen Blutes in der Kommunion oder bei Gebrechen eines älteren oder kranken Priesters) durch eine einzige Person wahrgenommen werden müssen. Aber auch hier gilt, dass das, was Laien im Gottesdienst an Diensten übernehmen können, auch von ihnen getan werden sollte, nicht vom Priester. Die Praxis hat gezeigt, dass gerade Küsterinnen und Küster gefragte liturgische Mitarbeiter der Priester sind. Tabellenartig seien die in der Feier der heiligen Messe an einem Sonn- bzw. Feiertag möglichen Einsätze von liturgischen Laiendiensten aufgeführt:

DIE FEIER DER HEILIGEN MESSE	WER TUT WAS?
1. Einzugsprozession	Mit Priester und Diakon ziehen alle Laiendienste zum Altarraum; mitgetragen werden Kreuz, Leuchter, Weihrauch, Lektionar und Evangeliar
2. Verehrung des Altars	Kniebeuge/Verneigung: alle; Priester und Diakon verehren den Altar durch den Altarkuss

3. Altarinzens	Priester und Ministran-t(inn)en
4. Begrüßung und Einführung in die Feier	Priester oder sonst dazu Beauftragte(r)
5. Allgemeines Schuldbekenntnis	Priester und Gemeinde
6. Kyrie eleison	Lektor(in) – Kantor(in) – Gemeinde – eventuell Chor
7. Gloria	Kantor(in) oder Chor – Gemeinde
8. Tagesgebet	Priester am Sitz, Ministrant(in): Buchdienst
9. Erste Lesung	Lektor(in)
10. Responsorialpsalm	Kantor(in) – Gemeinde
11. Zweite Lesung	Lektor(in)
12. Halleluja/Ruf	Kantor(in) – Gemeinde
13. Evangelienprozession	Priester bzw. Diakon, Ministrant(inn)en mit Leuchter und Weihrauch
14. Evangelium	Priester bzw. Diakon
15. Homilie	Priester bzw. Diakon
16. Glaubensbekenntnis	Kantor(in) bzw. Chor – Gemeinde
17. Fürbitten	Priester – Lektor(in) – Kantor(in) – Gemeinde
18. Gabenbereitung	Diakon – Priester – Ministrant(inn)en – Gemeinde
19. Inzens des Altars, des Priesters und der Gemeinde	Priester Diakon bzw. Ministrant(in)
20. Gabengebet	Priester
21. Dialog und Präfation	Priester – Gemeinde
22. Sanctus	Gemeinde – Chor

23. Eucharistisches Hochgebet	Priester, Akklamationen der Gemeinde
24. Vaterunser	Gemeinde
25. Fortführung und Lobpreis „Denn dein ist das Reich ..."	Priester – Gemeinde
26. Friedensgebet und -gruß	Priester – Gemeinde
27. Brechung und Agnus Dei	Priester – Gemeinde
28. Einladung zur Kommunion	Priester
29. Kommunionausteilung	Priester – Diakon – Kommunionhelfer(innen)
30. Reinigung der Gefäße	Diakon bzw. Kommunionhelfer(innen) an der Kredenz
31. Meditation oder Gebet	Lektor(in)
32. Verlautbarungen	Priester – Ministrant(in): Buchdienst
33. Schlussgebet	Priester oder sonstige(r) Beauftragte(r)
34. Segen	Priester
35. Auszugsprozession	Alle liturgischen Dienste ziehen zurück zur Sakristei

Wichtige Vorfragen: Dienstort und Dienstgewand

Zwei wichtige Vorfragen sind zu klären, bevor die eigentliche Dienste der Kommunionhelfer(innen) zur Sprache kommen sollen; es sind Fragen, die über diese Dienste hinaus die gesamte Weise ihres liturgischen Engagements betreffen: Wo sollen die Kommunionhelfer(innen) sich aufhalten, wenn sie ihren Dienst noch nicht begonnen oder bereits beendet haben; welche Kleidung sollen sie zu ihrem Dienst tragen?

Laienhaftes Heraustreten

In vielen Gemeinden präsentiert sich der liturgische Dienst von Laien so: Mit einigen Kindern und Jugendlichen als Ministranten zieht der Priester in der Einzugsprozession zum Altar und beginnt die Feier der Messe. Nach dem Tagesgebet kommen die Lektor(inn)en aus ihrer Bankreihe im Kirchenschiff zum Ambo, um die erste und zweite Lesung vorzutragen, und kehren danach wieder zu ihrem Platz zurück. Dies wiederholt sich bei den Fürbitten. Nach dem Friedensgruß kommen dann die Kommunionhelfer(innen) nach vorne, um ihren Dienst wahrzunehmen, und kehren nach Beendigung desselben an ihren Platz zurück. Als wichtiges Argument wird immer wieder vorgebracht, man sei Laie, versehe seinen Dienst als Laie und kehre nach Beendigung desselben an den Ort der Laien im Kirchenschiff zurück.

Was so demütig klingt, ist aber falsch. Denn auch der Priester ist und bleibt als Glied des heiligen Gottesvolkes ein Laie. Und über den Laienstand unserer Kinder und Jugendlichen im Ministrantendienst besteht doch wohl keinerlei Zweifel.

Dass sich dies so in vielen Gemeinden herausgebildet hat, liegt daran, dass zu der Zeit, als sich die liturgischen Laiendienste entfalteten, immer noch eine Bestimmung des Kirchenrechtes aus dem Jahre 1917 in Geltung war. Dort heißt es im Kanon 813, der Ministrant solle keine Frau sein, und wenn kein geeigneter Mann zur Verfügung steht, dann soll sie nur von ferne dem Priester

antworten, keinesfalls aber an den Altar herantreten. Diese Bestimmung steht sogar noch in der ersten Auflage des neuen Messbuchs aus dem Jahr 1970. Dort heißt es in Artikel 66 der „Allgemeinen Einführung ins Römische Messbuch“: „Die Bischofskonferenz kann die Erlaubnis geben, dass Frauen *außerhalb des Altarraums* die dem Evangelium vorausgehenden Lesungen vortragen, falls kein für den Dienst des Lektors geeigneter Mann da ist.“ Eigentlich hätte damit für die Frauen vor der Kommunionbank ein eigenes Lesepult aufgestellt werden müssen. Dies aber wäre eine unerträgliche Diskriminierung der Frauen gewesen, die die fundamentale Gleichheit aller Getauften im gemeinsamen Priestertum geradezu verhöhnt.
Vielleicht ist die Praxis, Laien, Männer wie Frauen gleichermaßen, zur Wahrnehmung der liturgischen Dienste aus den Bankreihen hervortreten zu lassen, sogar der pastoralen Klugheit zu „verdanken“, vor dem Hintergrund des strikten Altarraumverbots für Frauen durch die Laiendienste nicht neue Schranken aufzurichten oder Gräben aufzureißen und folglich beide Geschlechter bei allen den Laien möglichen Diensten gleich zu behandeln. Nur erweist sich vor diesem Hintergrund das oftmals zu hörende Argument, mit dem „Laiesein“ das Heraustreten aus der Bankreihe zu erklären, nicht nur als falsch, sondern als Scheinargument, um aus einer peinlichen Situation herauszukommen, in die der erneuerten Liturgie unangemessene kirchenrechtliche Bestimmungen geführt haben; es ist pure Ideologie.
Um bei der Ideologie zu bleiben: Das gerne vorgebrachte Argument, man trete als Laie vom Platz der Laien heraus zum Dienst an Ambo und Altar ist schon deshalb nicht frei von Ideologie, weil das Behauptete ja nicht stimmt. Lektor und Kommunionhelfer kommen zwar

vor der Lesung bzw. vor dem Kommunionausteilen aus ihrer Bank, waren aber zuvor ja in der Sakristei, um mit dem Priester ihren Dienst abzustimmen! Statt an der Einzugsprozession teilzunehmen, statt den Dienst der liturgischen Dramaturgie mitzugestalten, kommen sie von der Sakristei und begeben sich in die Bankreihe, um zu demonstrieren, dass sie eben Laien sind, als Laien ihren Dienst ausüben und demgemäß dazu aus der für die Laien bestimmten Bankreihe heraustreten. Kommt da nicht doch immer auch etwas Ideologie bzw. ideologisches Selbstverständnis zum Ausdruck, wenn man bedenkt, dass nicht nur die Messdiener „vorne" zweifellos Laien sind und der Priester als Glied des Gottesvolkes auch nach dem Empfang der Priesterweihe ein „Laie" in dem bereits beschriebenen Sinn ist und bleibt?

Das Messbuch bestimmt heute anderes

Nicht nur das Kirchenrecht von 1917 hat dem neuen „Kodex des kanonischen Rechts" von 1983 Platz gemacht, auch die einführenden Bestimmungen des Messbuches fanden entsprechende Korrekturen. Die neue „Grundordnung des Römischen Messbuchs" bestimmt im Gegensatz zu vielfach geübter Praxis: „Ist das Volk versammelt, beginnt der Gesang zum Einzug, während der Priester mit dem Diakon und den liturgischen Diensten einzieht" (Nr. 47).
Noch deutlicher heißt es im selben Dokument: „Ist das Volk versammelt, ziehen der Priester und die liturgischen Dienste, bekleidet mit den liturgischen Gewändern, in dieser Ordnung zum Altar: a) der Thuriferar mit rauchendem Weihrauchfass, falls Weihrauch verwendet wird; b) die Ministranten, die brennende Kerzen tragen,

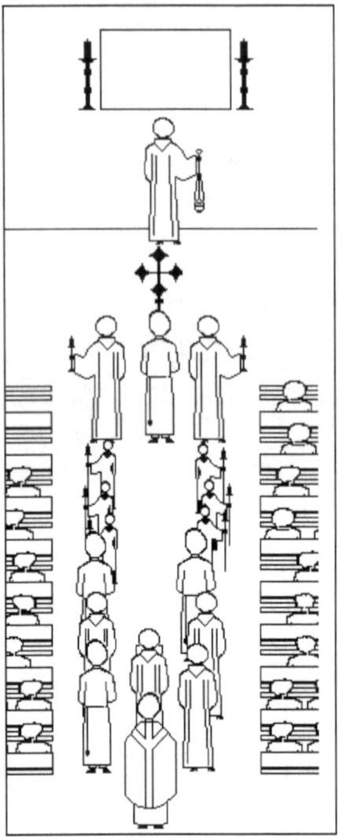

und zwischen ihnen ein Akolyth oder ein anderer, der einen liturgischen Dienst ausübt, mit dem Kreuz; c) die Akolythen und die übrigen liturgischen Dienste; d) der Lektor, der das Evangeliar, nicht aber das Lektionar, ein wenig erhoben tragen kann; e) der Priester, der die Messe feiert" (Nr. 120).

Ganz eindeutig heißt es beim Lektor: Wenn kein Diakon mitwirkt, kann der Lektor in der Einzugsprozession feierlich das Evangelienbuch tragen. Weiter bestimmt die „Grundordnung": „Beim Gang zum Altar kann der Lektor, wenn kein Diakon anwesend ist, mit dem vorgeschriebenen Gewand bekleidet, das Evangeliar leicht erhoben tragen. In diesem Fall geht er vor dem Priester, anderenfalls zusammen mit den übrigen liturgischen Diensten" (Nr. 194). Und weiter heißt es in der neuen „Grundordnung": „Wenn er beim Altar angekommen ist, macht er mit den anderen eine tiefe Verneigung. Falls er das Evangeliar trägt, tritt er an den Altar und legt das Evangeliar auf ihm nieder. Dann nimmt er im Altarraum zusammen mit den anderen liturgischen Diensten seinen Platz ein" (Nr. 195).

Folgt man dem Messbuch, dann nehmen die Kommunionhelfer(innen) zusammen mit dem Priester und dem Diakon, aber auch mit den Lektor(inn)en, Kantor(inn)en, Ministrant(inn)en ihren Platz im Altarraum ein. Diese Plätze sind so zu gestalten, dass nicht das Missverständnis entstehen kann, Frauen und Männer in liturgischen Laiendiensten seien wie andere Priester Konzelebranten. Während des Eucharistischen Hochgebets bleiben sie in angemessener Distanz vom Altar stehen, wobei die Anlage des Chorraums die genaue Gestaltung bestimmt. Dabei verdient das Stehen – die älteste christliche Gebetsgebärde übrigens! – hier aus zwei Gründen den Vorzug vor dem ehrfürchtigen Knien: Einmal ist es gerade für in die Jahre gekommene Herrschaften nicht einfach, längere Zeit „freihändig" und

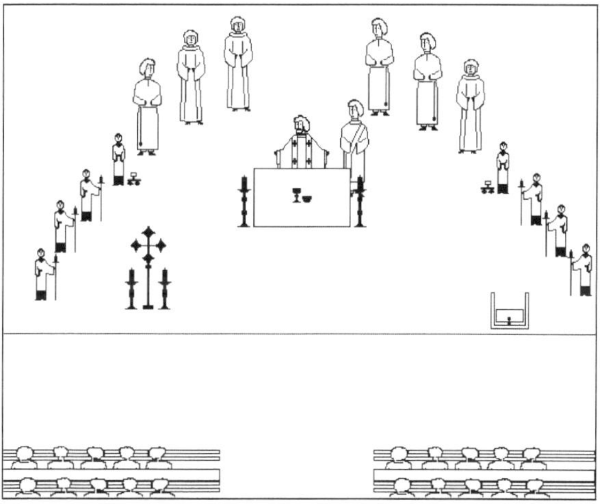

dabei auch noch ansehnlich eine kniende Haltung einzunehmen; auch das ebenso „freihändige" – weil ohne Stützmöglichkeit – erforderliche Aufstehen kann sichtbar Mühen bereiten und nach außen hin durchaus wenig attraktiv wirken. Sodann kann es etwas seltsam aussehen, wenn die Köpfe der hinter dem Altar Knienden über der Altarplatte herausragen. Jedenfalls kann durch die verschiedenen Laiendienste von Kindern, Jugendlichen und Erwachsenen und ihre Aufstellung im Altarraum während des Hochgebetes sichtbar zum Ausdruck gebracht werden, dass das eucharistische Geschehen über die im liturgischen Dienst tätigen Gemeindemitglieder sozusagen in das Leben der Gemeinde hineingenommen wird.

„Kleider machen Leute" – zuweilen eine heikle Frage

Mit dem Aufenthalt im Chorraum eng verbunden ist die Frage nach einer liturgischen Kleidung für die Laiendienste. Auch hier bestimmt die „Grundordnung des Römischen Messbuchs" ganz eindeutig (Nr. 339): „Akolythen, Lektoren und die anderen Laien, die einen liturgischen Dienst ausüben, können die Albe oder ein anderes in den einzelnen Gebieten von der Bischofskonferenz rechtmäßig zugelassenes Gewand tragen." Auch die Paderborner Ordnung des Kommunionhelferdienstes vom 1. Januar 2009 bestimmt, dass Kommunionhelfer und Kommunionhelferinnen „in aller Regel" in ein liturgisches Gewand gekleidet ihren Dienst versehen.[5]

Das liturgische Gewand ist ein gottesdienstliches Zeichen von nicht zu unterschätzender Bedeutung. Sich bereit zu erklären bzw. es zu verweigern, ist schon ein kleiner Lackmustest, inwieweit jemand bereit ist, sich als individuelle Persönlichkeit zurückzunehmen und ganz im Dienst an der Herrlichkeit Gottes zum Heil der Welt aufzugehen. Ein liturgisches Gewand hat überhaupt nichts mit einer von vielen befürchteten „Klerikalisierung" zu tun, denn das liturgische Gewand der Laien haben wir alle schon längst empfangen: Es ist das Taufkleid.

---

[5] Kirchliches Amtsblatt des Erzbistums Paderborn 151 (2008) Nr. 144 vom 28. November 2008.

Doch gilt generell: Sich feierlich zu kleiden, das wird trotz zunehmender Freizeit immer mehr ein Ausnahmefall für besondere Gelegenheiten. Sogenannte „Wohlfühlkleidung" beherrscht weitgehend das Feld. Wie gekleidet sollen Kommunionhelfer(innen) zusammen mit den anderen liturgischen Laiendiensten ihren Dienst versehen? In vielen Gemeinden ist es üblich, dass sie in ihrer üblichen Kleidung aus der Bankreihe herauskommen und zum Dienst an den Altar herantreten. So verbreitet dieser (Miss-)Brauch auch immer sei: Davon steht nichts im Messbuch, weder in der „Grundordnung" noch in jenen Bestimmungen, die den Ablauf der Messfeier regeln! Zudem können zuweilen – besonders im heißen Hochsommer – dadurch konfliktträchtige Situationen entstehen, dass die Kleidung von Kommunionhelfer(inne)n der hohen Würde ihres Dienstes an der Eucharistie unangemessen ist. Welcher Priester scheut nicht davor zurück, jemandem sagen zu müssen, dass er/sie so gekleidet seinen/ihren Dienst eigentlich nicht versehen kann.
Wie dargelegt, geht das Messbuch davon aus, dass eigentlich alle, die einen besonderen liturgischen Dienst versehen, sich zusammen mit dem Priester und dem Diakon an der Einzugsprozession beteiligen und ihre Plätze innerhalb des Altarraumes innehaben. Dazu gehört aber auch, dass die liturgischen Laiendienste ein liturgisches Gewand tragen, das der Würde ihres Dienstes entspricht. Was bei Messdienern nie ein Problem war, wurde mit Erwachsenen, die sich für einen liturgischen Laiendienst bereitfanden, nicht selten kontrovers diskutiert – meistens stehen Ängste im Hintergrund, wie man in ein liturgisches Gewand gekleidet auf die anderen Gottesdienstteilnehmer wirkt. Dies scheint sich offenbar in letzter Zeit geändert zu haben. Offensicht-

lich gibt es aus guten Gründen eine zunehmende Offenheit für das liturgische Kleid, und immer mehr Pfarreien gehen dazu über, ihren liturgischen Laiendiensten ein Dienstgewand zur Verfügung zu stellen.
Glaubt man dem Zeugnis vieler Damen und Herren im liturgischen Dienst, dann erweist sich die Einführung eines liturgischen Gewandes schon bald als sehr segensreich. Besonders die Damen sind von der Sorge befreit, wie sie sich den vielen Augen der versammelten Gemeinde präsentieren können. Die Frage einer unpassenden oder unwürdigen Kleidung taucht gar nicht erst auf. Als eine wichtige gemeinsame Erfahrung aller kann angeführt werden, dass die Bewegungen an exponierter Stelle vor vielen Zuschauern, Kniebeugen etwa oder das Gehen im Chorraum, freier vonstattengehen kann, wenn die körperlichen Eigenarten eines jeden Menschen vom liturgischen Gewand wohltuend zurückgenommen werden. Wichtiger als alles Praktische aber ist eine theologische Überlegung.

Christus als Gewand anlegen – das Taufkleid als erstes liturgisches Gewand

„Wär er nicht erstanden, so wär die Welt vergangen" – so singen wir in der Osterzeit („Gotteslob" Nr. 318). Wäre er nicht geboren worden, wäre er nicht am Kreuz für uns gestorben, wäre er nicht in den Himmel aufgefahren – die Welt wäre nicht erlöst und nach wie vor dem Untergang geweiht. Adam und Eva wurden sich ihrer Nacktheit erst bewusst, nachdem sie die Freundschaft mit Gott ausgeschlagen hatten. Sie deuteten ihre Nacktheit als vergängliches Fleisch, das im Tode vergeht. Das erste Kleid, das die ersten Menschen trugen, kam von Gott: „Gott, der Herr, machte Adam und seiner

Frau Röcke aus Fellen und bekleidete sie damit" (Gen 3,21). Gott hüllte Adam und Eva in Tierhäute, da sie sich – nackt geworden durch das Ablegen des Gnadenkleides – in ihrer Todverfallenheit von den Tieren nicht mehr unterschieden.

Erlösung konnte es nur durch Christus geben. Und auch hierfür verwendet die Heilige Schrift das Bild des Kleides. Christus selbst ist das neue Gnadengewand, das den Menschen von Gott geschenkt wird. Welch ein Tausch: Statt der Tierhäute der Sohn des lebendigen Gottes selbst: „Ihr seid alle durch den Glauben Söhne Gottes in Christus Jesus. Denn ihr alle, die ihr auf Christus getauft seid, habt Christus als Gewand angelegt" (Gal 3,26-27). Der Mensch bleibt nach wie vor ein armes, kleines und sündiges Geschöpf, aber er ist gekleidet in Christus selbst, der gekommen ist, das Leben zu bringen: Immer wenn der unendlich erhabene und heilige Gott den armen, schwachen und sündigen Menschen ansieht, erblickt er ihn in seinen eigenen Sohn gekleidet, d. h., er kann ihn gar nicht anders sehen als im Licht seines eigenen Sohnes und seiner unendlichen Liebe zu ihm. Darum befiehlt Paulus: „Legt als neues Gewand den Herrn Jesus Christus an" (Röm 13,14); darum drückt sich die Sehnsucht nach Erlösung mit dem Bild eines Überkleidetwerdens von oben aus: „So bekleidet, werden wir nicht nackt erscheinen. Solange wir nämlich in diesem Zelt leben, seufzen wir unter schwerem Druck, weil wir nicht entkleidet, sondern überkleidet werden möchten, damit so das Sterbliche vom Leben verschlungen werde" (2 Kor 5,3-4).

Man wird annehmen dürfen, dass alle diese symbolischen Aussagen des Neuen Testaments, die sich auf das Kleid beziehen, nicht nur pure Wortsymbolik gewesen sind, sondern vielleicht sogar im gottesdienstlichen

Leben der Urkirche eine Bedeutung hatten. Die unzählbare Schar der in weißen Gewändern vor dem Thron und vor dem Lamm Stehenden (Offb 7,9) wird als Sehnsuchtsbild der endzeitlichen Vollendung ihre Entsprechung haben in der Schar der im weißen Taufkleid gekleideten Neugetauften.

So kann man das Taufkleid als die Wurzel des liturgischen Gewandes betrachten, und dies vor aller Unterscheidung des einen Volkes Gottes in Kleriker und Laien. Das Taufkleid ist weit mehr als ein Kultgewand im Sinne der heidnischen Religionen oder des Hohenpriesters im alten Israel: Es drückt nicht nur die Ehre Gottes aus, sondern steht symbolisch für die mit Christus begonnene neue Schöpfung. Getaufte, also mit Christus selbst bekleidete Menschen, versammeln sich, um ihrem Herrn zu begegnen, dessen Ehre gerade darin besteht, den Menschen das Leben zu schenken, in jeder liturgischen Feier neu, gipfelnd in der Eucharistie mit den Leben spendenden Gaben von Leib und Blut Christi.

Verkleidung oder ernsthaftes liturgisches Zeichen – liturgische Kleidung für Laien

Das erste Gewand, das die geweihten Amtsträger anlegen, ist die weiße Albe. Was hindert daran, sie als das immer wieder neu angelegte Taufkleid zu deuten, das sie bei ihrer eigenen Taufe erhalten haben? Das erste liturgische Gewand ist und bleibt auch so gesehen das Taufkleid. Darüber legen Diakone, Priester und Bischöfe die Gewandstücke an, die ihrer Weihestufe entsprechen: Stola, Dalmatik, Messgewand, Pallium usw. So, wie sie ihr Laiesein bei ihrer Weihe nicht verloren haben, so, wie auf das gemeinsame Priestertum, das sie mit allen Brüdern und Schwestern verbindet, das besondere

Dienstpriestertum des Diakons, Priesters und Bischofs dazugekommen ist, so legen sie über der Albe als liturgisches Gewand des Laien die besonderen Gewandstücke ihres jeweiligen Weihestandes an.

Es gibt also ein liturgisches Gewand für die Laien, das Grundgewand für alle liturgischen Dienste, die Albe, so die „Grundordnung des Römischen Messbuchs" (Nr. 336). Eigentlich könnte man sich vorstellen, dass alle Christen in einem weißen oder zumindest hellen Gewand, das ihr Taufkleid darstellt, zur liturgischen Versammlung erscheinen und gemeinsam einziehen, wie dies in den Klöstern heute noch geschieht. Zumindest aber sollten alle Laien, die einen liturgischen Dienst ausüben, dies in einem liturgischen Kleid tun und damit zum Ausdruck bringen, dass alle liturgische Tätigkeit von Christen im Gottesdienst auf der Würde des gemeinsamen Priestertums aller Glaubenden gründet, das sie in der Taufe empfangen und als dessen Zeichen ihnen das Taufkleid übergeben wurde.

Gerade die liturgischen Dienste Erwachsener wie Lektor(inn)en, Kantor(inn)en, Kommunionhelfer(innen), aber auch erwachsene Ministrant(inn)en usw. können dem liturgischen Gewand jenen verspielten Charakter nehmen, den es bei zu Kardinälen verkleideten Kindern annehmen konnte, und ihm die Ernsthaftigkeit als wichtiges gottesdienstliches Symbol zurückgeben, die es von der Sache her verlangt. Wenn liturgisch tätige Erwachsene zum Dienst ihr Taufkleid tragen, dann kann man wirklich nicht von (klerikalisierender) Verkleidung reden.

Auch die noch heute üblichen liturgischen Farben sind das Resultat einer längeren historischen Entwicklung, wenn auch ihr Symbolwert etwas variierte. Die antike Färbetechnik mit dem Sekret der Purpurschnecke und unter Zugabe verschiedener Mineralien ergibt eine Farbskala von rotsatiniertem Schwarz, über Purpurviolett und Karmesinrot bis hin zu Grüntönen. Je dunkler ein Gewandstück gefärbt war, desto mehr Purpur wurde verwendet, umso vornehmer galt das Gewand. So war schwarz nicht primär Trauer- sondern Festfarbe: Verwendete man viel von dem teuren Sekret der Purpurschnecke zum Färben der Stoffe, so erhielt man ein rötlich schimmerndes Schwarz. Von daher rührt noch das Schwarz als Festfarbe, beim Frack des Bräutigams, bei den Herren des Symphonieorchesters ebenso wie beim schwarzen Brautkleid, wie es weit bis ins 19. und beginnende 20. Jahrhundert üblich war. Je nach der Menge des verwendeten Sekrets, der Dauer der Sonneneinstrahlung, der Verwendung von Süß- oder Salzwasser erhielt man Rot-Violett-Grün. Geändertes Farbempfinden sowie die erweiterten Techniken führten im Mittelalter zu unterschiedlichen Gewohnheiten. Aber erst seit 1570 gibt es eine verpflichtende Farbenordnung: Weiß für Herren- und Heiligenfeste, außer Märtyrerfeste; Rot für Pfingsten, Kreuzfeste, Apostel- und Märtyrerfeste; Violett für Advent, Fastenzeit, Quatember und Bitttage; Grün für die festlosen Tage; Schwarz für Karfreitag und Requiem. Prinzipiell und mit gewissen Änderungen versehen gilt diese Regel auch heute noch, doch wird in der Wahl der Farbe mehr Freiheit zugestanden.

Wie könnte das liturgische Gewand gestaltet sein?

Die „klassische" Messdienerkleidung, bestehend aus schwarzem oder farbigem Talar und weißem Chorhemd (fälschlicherweise oft „Rochett" genannt, das nur den Bischöfen und Prälaten zusteht!), kommt für die Laiendienste Erwachsener kaum in Betracht, zumal nicht für Frauen. Talar und Chorhemd sind zu sehr „klerikal besetzt"; so gekleidet halten Pfarrer, Vikare und Kapläne Andachten, Tauffeiern und Beerdigungen. Folglich werden sich unsere Damen und Herren in den liturgischen Laiendiensten kaum darin wohl fühlen und eher gegen die Übernahme dieser liturgischen Kleidung geneigt sein. Theologisch viel stimmiger ist eine weiße Albe oder eine helle, ungegürtete Tunika, die an das Taufkleid erinnert, ist doch die Taufe die Grundlage dafür, dass ein Christ in der Liturgie einen Dienst übernehmen kann. Als Erinnerung an das

allen Christen zustehende Taufkleid, besser noch als seine Aktualisierung für den liturgischen Dienst könnte für Damen und Herren eine Albe dienen, die je nach Machart gegürtet oder eine ungegürtete Tunika sein kann. Viele Firmen für den kirchlich-liturgischen Bereich bieten entsprechende Modelle an.

Auch die liturgische Farbe – sehr bedeutsam für den emotionalen Erlebniswert der kirchlichen Feste und Festzeiten – kann bei der liturgischen Kleidung für liturgische Laiendienste Verwendung finden. Einmal in einem Gürtel („Cingulum") in den liturgischen Farben. Besonders für Herren ist diese dezente Verwendung der liturgischen Farbe sehr angemessen. Damen könnten – gerade beim Tragen einer ungegürteten Tunika – über derselben einen Seidenschal in der entsprechenden liturgischen Farbe anlegen. Zum einen ist dieser „liturgische Schal" etwas sehr Frauliches, zum anderen erinnert er keineswegs an die Insignien des Weiheamtes wie die priesterliche Stola. Ein ästhetisch sehr ansprechender Vorschlag kommt aus den Vereinigten Staaten und ist inspiriert von der Weise, wie männliche und weibliche Mitglieder der alten Orden, aber auch mancher in neuester Zeit entstandenen geistlichen Bewegungen zum gemeinsamen Gottesdienst gekleidet sind und in solcher Gewandung auch die liturgischen Laiendienste übernehmen: Frauen wie Männer tragen die gleiche ungegürtete Tunika, darüber ein Skapulier in der liturgischen Farbe, das über Brust und Rücken etwa bis zu den Knien herabreicht. Das Skapulier war einmal ein Arbeitskleid einfacher Leute. Nach der Regel des heiligen Benedikt ist es ein Teil der Mönchskleidung, das „propter opera – für Arbeit und Mühe" angelegt wird und damit zu einem Symbol für die übernommenen Arbeiten und Mühen für Gott und die Brüder und Schwestern im Glauben wurde. Das Skapulier kann dann auch für die Mühen stehen, die aus Liebe zu Gott, seiner Kirche und ihrer Liturgie Kinder, Jugendliche und eben auch Erwachsene auf sich nehmen, um zu einer feierlichen Liturgie beizutragen. Dieser Dienst ereignet sich nicht in abstrakter Zeitlosigkeit, sondern im Wechsel der Feiertage, Fastenzeiten und gewöhnlichen Sonn- und Werktage des Herrenjahres. Darum wechselt das Skapulier ebenso wie das Messgewand des Priesters in den verschiedenen liturgischen Farben, die für die unterschiedlichen Zeiten des Kirchenjahres mit ihrer je eigenen Charakteristik stehen und diese emotional nahebringen. Ganz gleich, wie das liturgische Gewand für die Laiendienste gestaltet ist, es sollte den bleibenden Bezug zur Taufe und damit auch zum gemeinsamen Priestertum aller Gläubigen als Grundlage der liturgischen Dienste herausstellen. Auch darf es nicht zur Verwechselung mit Gewändern und Insignien führen, die den Diakonen und Priestern vorbehalten sind. Die Einführung einer liturgischen Kleidung für die Laiendienste bedarf einer sorgfältigen Vorbereitung, insbesondere einer geistlichen Hinführung der ganzen Gemeinde in die gottesdienstliche Symbolik des Kleides an sich und der liturgischen Gewandung der Laiendienste im Besonderen. Hier sind vor allem die Priester gefragt, die eine liturgische Gewandung ihrer Laiendienste auch mittragen und theologisch-spirituell deren Sinn vermitteln müssen.

Der zentrale Dienst, das Kommunion-austeilen in der Feier der heiligen Messe

Hiermit betreten wir den Kern des Kommunionhelferdienstes, das Austeilen der Eucharistie in der Messfeier. Verschiedene Aspekte sollen beleuchtet werden, um den Dienst angemessen und seiner hohen Würde entsprechend auch schön wahrnehmen zu können.

Doppel-deutige Händewaschung

„Kann man bei Herrn Müller oder Frau Meyer auch zur Kommunion gehen? – Wie meinen Sie das? – Nun, haben die sich auch die Hände gewaschen?" Solche Anfragen an den Pfarrer gab und gibt es wirklich! Dass alle, die die Kommunion austeilen, Priester und Diakone ebenso wie die Laien, ihren Dienst aus Gründen der Ehrfurcht, aber auch aus Liebe und Achtung vor den Menschen mit sauber gewaschenen Händen versehen sollen, versteht sich eigentlich von selbst.
Die Waschung der Hände und andere Waschungen im Umfeld der Liturgie hatten aber immer über die hygienischen Bedürfnisse hinaus eine symbolische Bedeutung. Am auffälligsten kann man dies in muslimischen Ländern noch wahrnehmen, wenn sich die Beter vor dem Betreten der Moschee Hände und Gesicht waschen. Die Waschungen stehen für die Bitte an Gott um innere Reinheit und damit um Vergebung der Schuld. Genau dies will auch die Händewaschung in der Messfeier vermitteln. Darum betet der Priester auch beim Waschen der Hände: „Herr, wasche ab meine Schuld, von meinen Sünden mache mich rein."
Was steht dem entgegen, wenn sich die Kommunionhelfer(innen) ganz in diesem Sinn an der Händewa-

schung beteiligen? Für den Kommunionhelferdienst wurde im letzten Kapitel der „geschwisterliche Mensch" verlangt, und tatsächlich sollten alle ihren eucharistischen Dienst versöhnt mit Gott und den Mitmenschen versehen. Als Geste der Buße wäre darum eine Beteiligung der Kommunionhelfer(innen) bei der Händewaschung des Priesters nach vollendeter Gabenbereitung eine gute Vorbereitung auf den Dienst des Austeilens; schon die die Waschung der Hände begleitenden Gebetsworte führen allen am eucharistischen Dienst Beteiligten vor Augen, dass ein würdiger Dienst nur mit der alle Schuld vergebenden Gnade Gottes möglich ist. Diese Vergebung an die Brüder und Schwestern weiterzugeben wie den Leib des Herrn selbst, das ist eine Christenpflicht, die alle Gläubigen angeht, diejenigen im liturgischen Dienst aber auf ganz besondere Weise. Schließlich würde zugleich allen Zweiflern noch einmal deutlich vor Augen gestellt, dass der Dienst auch mit sauberen Händen geschieht.

Der Gang zum Tabernakel

In vielen Gemeinden gehen Kommunionhelfer(innen) – was keineswegs allein dem Priester vorbehalten ist! – nach dem Friedensgruß zum Tabernakel, entnehmen ihm die Hostienschale und bringen sie auf den Altar; damit beginnt häufig ihr eigentlicher Kommunionhelferdienst.

Dieser Dienstauftakt vollzieht sich im hellen Licht der Öffentlichkeit, zumal dann, wenn der Tabernakel in der Kirche an exponierter Stelle steht, etwa dann, wenn der alte, künstlerisch wertvolle Hochaltar weiter als Tabernakel verwendet wird. Vor den Augen der versammelten Gemeinde geht der/die Kommunionhelfer(in) zum

Tabernakel, öffnet seine Türen, entnimmt die Hostienschale und überbringt sie zum Altar. Was man dem in Ehren ergrauten Dechanten ebenso wie dem jugendlichen Kaplan oder Vikar leichter nachsieht, das wird man bei Laien als Kommunionhelfer(inne)n umso weniger dulden: mangelnde Ehrfurcht. Darum machen – nicht nur sie, aber sie vor allem – Kommunionhelfer(innen) nach dem Öffnen der Tabernakeltüren eine Kniebeuge als Zeichen der Verehrung des im eucharistischen Brot gegenwärtigen Christus. Ebenso wird vor dem Schließen der Tabernakeltüren dieses Zeichen der Anbetung und Verehrung vollzogen. Angemessenen Schrittes und in würdiger Haltung wird das Allerheiligste vom Tabernakel auf den Altar übertragen. Sicherlich gibt es keine objektiven Beurteilungsmaßstäbe für „schön" und „würdig"; aber man sollte dem/der Kommunionhelfer(in) ansehen, dass er/sie weiß, wen sie in Gestalt des eucharistischen Brotes in Händen hält. Es sollte eine selbstverständliche Ehrfurcht zum Ausdruck kommen, die den anderen unverkrampft und ungeheuchelt zeigt, dass man weiß, was man tut.

Mancher Zelebrant möchte gerne selbst zum Tabernakel gehen, um ihm das Allerheiligste zu entnehmen. Er kann sich dabei auf die Bestimmung der „Grundordnung des Römischen Messbuchs" berufen: „Die liturgischen Dienste haben nicht eher zum Altar zu treten, bevor nicht der Priester die Kommunion genommen hat, und sie haben immer das Gefäß, in dem die Gestalten des Allerheiligsten Sakraments zum Austeilen an die Gläubigen enthalten sind, aus der Hand des Zelebranten entgegenzunehmen" (Nr. 162). Hierin kommt sinnenhaft zum Ausdruck, dass der Kommunionhelferdienst ein empfangender Dienst ist: Dem/Der Kommunionhelfer(in) wird das Gefäß mit dem eucharistischen Sakra-

ment überreicht. Auch ein praktischer Grund mag hinter dem Wunsch des Zelebranten stecken, selbst zum Tabernakel zu gehen: Er will sich vergewissern, wie es im Tabernakel „aussieht". Er will also schauen, wie viele Ziborien mit wie vielen Hostien darin stehen oder ob etwa das Korporale mal wieder ausgetauscht werden muss. Gemäß Kirchenrecht (Kanon 397 und 555) kontrollieren dies der Bischof oder der Dechant im Rahmen der Visitation ebenfalls. Gerade in größeren pastoralen Einheiten, in denen in mancher Kirche nur noch selten eine hl. Messe gefeiert wird, ist ein solcher Blick in den Tabernakel durchaus sinnvoll.
Auch für den Gang zum Tabernakel gilt: Er darf nicht zur „Machtfrage" hochstilisiert werden: weder seitens des Priesters noch des Laien. Für beide Formen gibt es gute Gründe. Ein Kompromiss könnte darin bestehen, dass der Priester das Allerheiligste aus dem Tabernakel holt und der/die Kommunionhelfer(in) es nach der Austeilung wieder zurückstellt.

Hostien aus dem Tabernakel?

So selbstverständlich es in unseren Messfeiern geworden ist, dass ein Teil der an die Gläubigen ausgeteilten Kommunionen aus früheren Messen stammt und im Tabernakel aufbewahrt wurde, es muss doch recht kritisch beleuchtet werden.
Das Wort der Einsetzung ist den meisten Gläubigen noch im Ohr: „Nehmet und esset alle davon ...", und der Priester zeigt den Gläubigen die konsekrierte Hostie, von der eigentlich alle essen sollen. Dieser Auftrag Christi wird aber letztlich nicht ernst genommen, wenn nur eine einzige Hostie, nämlich die große Priesterhostie, konsekriert wird, die der Priester alleine zu sich

nimmt, während die Gläubigen aus dem Tabernakel mit dem himmlischen Brot ernährt werden, das aus zeitlich früheren Messfeiern stammt. Nicht wenige Pfarrer werden von dem Albtraum geplagt, sie hätten einmal nicht genügend Hostien für die Kommunion aller Gläubigen und konsekrieren dann solche Mengen, dass die Gemeinde in der Regel die Eucharistie nicht aus dieser Messe, sondern aus einer lang zurückliegenden empfängt.

Sogar Papst Pius XII.[6], der ja wirklich nicht des Modernismus verdächtigt werden kann, lehrte dies schon lange vor dem Konzil in seiner Liturgieenzyklika „Mediator Dei", was die „Grundordnung des Römischen Messbuchs" (in Nr. 85) aufgreift und empfiehlt: „Sehr wünschenswert ist es, dass die Gläubigen, so wie es auch der Priester selbst zu tun hat, den Leib des Herrn von den Hostien empfangen, die in derselben Messe konsekriert worden sind, und bei den vorgesehenen Anlässen am Kelch teilhaben. Auf diese Weise soll die Kommunion auch durch die Zeichen klarer als Teilhabe an dem Opfer erscheinen, das gerade gefeiert wird."[7] Von der Lehre

---

[6] Papst Pius XII., Mediator Dei Nr. 89, S. 47: Der Papst bezieht sich auf Benedikt XIV. (1740-1758), der den frommen Sinn jener lobt, „die bei der heiligen Messe nicht bloß mit der himmlischen Speise genährt zu werden verlangen, sondern überdies mit den in der gleichen heiligen Messe selbst konsekrierten Hostien gespeist zu werden vorziehen, obgleich, wie er selbst erklärt, man wahrhaft und wirklich am Opfer teilhat, auch wenn es sich um Eucharistisches Brot handelt, dessen Verwandlung schon früher ordnungsgemäß vollzogen wurde." Ebenfalls Nr. 91, S. 49: „... sind auch jene zu loben, welche die im gleichen Opfer, dem sie beiwohnen, konsekrierten Hostien empfangen, so dass wirklich zutrifft, ‚dass alle, die wir gemeinsam von diesem Altare das hochheilige Fleisch und Blut Deines Sohnes empfangen, mit allem Gnadensegen des Himmels erfüllt werden'."

[7] GORM 85. Bezug genommen wird auf die Instruktion „Eucharisticum mysterium" der Ritenkongregation vom 25. Mai 1967, Nr. 31, 32:

über die bleibende eucharistische Gegenwart des Herrn her ist gegen die Spendung von Hostien, die in früheren Messen konsekriert worden sind, nichts einzuwenden, aber das Zeichen des Brotbrechens ist damit seines Sinnes entleert. Die Brechung des Brotes soll ja gerade ausdrücken, dass alle teilhaben an dem „einen Leib", der für uns alle am Kreuz „gebrochen" wurde. Von daher spielte die Brechung der Brotsgestalt immer eine große Rolle. Im Gedenken an das Leiden Christi wurde das „Lamm Gottes, das die Sünde der Welt hinwegnimmt" so oft wiederholt, bis die Brechung des Brotes beendet war, und der Sängerchor auf ein Zeichen hin diesen Gesang mit der Schlussbitte „Gib uns deinen Frieden" abschloss. Ideal wäre es, wenn für die Messfeier nur wenige wirklich große Hostien verwendet würden, die dann während des „Agnus Dei" wirklich je nach Zahl der zur Kommunion erwarteten Gläubigen gebrochen werden müssten. Damit könnte man auch den alten Brauch wieder verlebendigen, das „Lamm Gottes" als Begleitgesang der Brechung so lange zu wiederholen, bis diese selbst beendet ist. So sagt der heilige Johannes Chrysostomos, in der Brechung des Brotes würde Christus in der Eucharistie etwas für die Menschen erdulden, was er am Kreuz nicht erduldet hat, nämlich das Zerbrechen seines Leibes. Weil in der theologischen Tradition das Brechen der Hostie mit der Opferhingabe Christi in Verbindung gebracht wird, können sich Kommunionhelfer an dieser Brechung der großen Hostien nicht beteiligen, sie ist dem Priester vorbehalten. Damit sei nichts gegen die Vorteile der kleinen Hostien gesagt, aber es muss doch darauf geachtet werden, dass durch die prak-

---

AAS 59 (1967) 558-559; sowie auf die Instruktion „Immensae caritatis" vom 29. Januar 1973, Nr. 2: AAS 65 (1973) 267-268.

tische Handhabung nicht das Zeichen des Brechens verlorengeht.

Die Reihenfolge des Kommunionempfangs

In vielen Kirchen kann man es miterleben, und doch ist dieser Brauch so weder vorgesehen noch vor dem Hintergrund theologischer Überlegungen sinnvoll: Zusammen mit dem Priester teilen Kommunionhelfer(innen) die Eucharistie an die Gemeinde aus. Danach kommen sie am Altar wieder zusammen, und dann erst kommunizieren sie selbst. Gern wird dafür das Argument vorgetragen, man folge den üblichen Anstandsregeln, nach welchen bei Gastmählern die Speisen zuerst den Gästen angereicht werden, bevor sich die Gastgeber selber nehmen.

Damit spricht sich dieses Argument aber schon selbst das Urteil, denn weder der Priester noch die Kommunionhelfer sind Gastgeber, sondern Christus selbst! Der Priester und die anderen liturgischen Dienste sind die ersten zum Mahl eingeladenen Empfänger und kraft der empfangenen Speise und der dadurch geschenkten Heiligung versehen sie ihren liturgischen Dienst, auch den anderen Brüdern und Schwestern den Leib des Herrn zu reichen. Auf diese Weise wird sichtbar vor Augen geführt, was der Apostel Paulus im ersten Korintherbrief schreibt: „Denn ich habe vom Herrn empfangen, was ich euch dann überliefert habe" (1 Kor 11,23). Was der Apostel auf den eucharistischen Glauben der Kirche bezieht und die Korinther ermahnt, diesem treu zu bleiben, kann auch gut auf die ganz konkrete Kommunion bezogen werden: Priester und andere Austeilende haben durch ihre Kommunion die Eucharistiefeier sozusagen „zur Gänze" mitgefeiert und versehen in der

Kraft der empfangenen Gnade ihren Dienst an den anderen, damit auch sie durch den Empfang der Kommunion ihre Teilnahme an der Eucharistiefeier zur Vollendung bringen. Alle christlichen Riten sehen in der Eucharistiefeier darum vor, dass die Gemeinde erst nach den Liturgen die Kommunion empfängt.
Nachdem zunächst der Zelebrant und dann die liturgischen Dienste kommuniziert haben, beginnt die Kommunionausteilung. Da der Priester den eigentlichen Mahlherrn Christus darstellt, nehmen andere Austeilende die Hostienschalen nicht selber vom Altar, sondern empfangen sie vom Zelebranten, so die „Grundordnung des Römischen Messbuchs (Nr. 162). Auch auf diese Weise soll noch einmal vor den Augen aller Versammelten eine kleine Beauftragungsgeste vollzogen werden, jetzt den übertragenen Dienst des Kommunionhelfers wahrzunehmen.

Ein heiliges Frage- und Antwortspiel

Seit der Liturgiereform wird die heilige Kommunion mit einem kurzen Dialog zwischen Spender und Empfänger ausgeteilt: „Der Leib Christi" – „Amen". Im Grunde handelt es sich dabei um ein äußerst kurzes, aber höchst intensives Frage- und Antwortspiel: „Glaubst du, lieber Bruder / liebe Schwester, dass dieses unscheinbare Stück Brot, das ich in Händen halte, der Leib Christi, des wahren Gottes und Menschen, ist, der sich dir hingibt zu deinem ewigen Leben?" – „Amen; so ist es, in diesem Glauben bin ich fest gegründet." Zwischen Spender und Empfänger wird also beim Reichen des eucharistischen Brotes die Übereinstimmung im Glauben an die eucharistische Gegenwart des Herrn zum Ausdruck gebracht. Dieser Glaube ist die erste und wichtigste Bedingung für

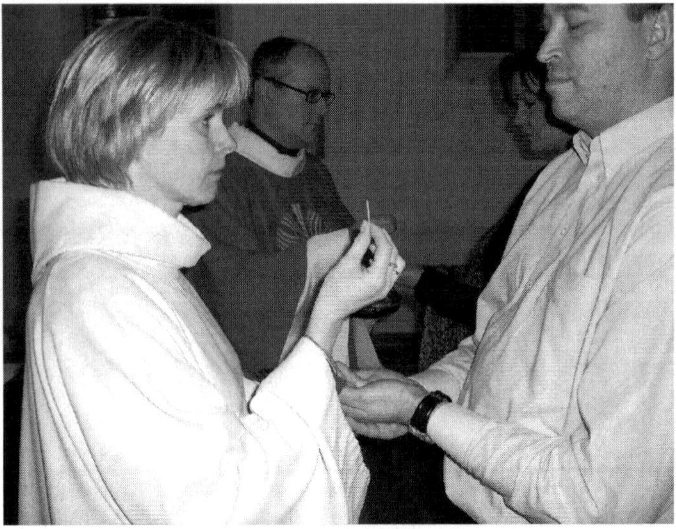

einen würdigen Kommunionempfang. Natürlich gibt es noch andere Bedingungen hierfür; wer schwere Schuld gegen Gott und den Nächsten auf sich geladen hat, wer, wie es im vierten Hochgebet wörtlich heißt, die Freundschaft mit Gott nicht nur tragischerweise verloren, sondern sie bewusst zerbrochen hat, der kann das Sakrament der übergroßen Liebe kaum seinem Wesen gemäß empfangen. Doch ist und bleibt die erste und grundlegende Voraussetzung für eine würdige Kommunion der Glaube an das eucharistische Geheimnis.

Paulus sagt dies im ersten Korintherbrief mehr als deutlich, nur kommt es in unserer Einheitsübersetzung nicht genügend zum Ausdruck. Paulus schreibt (1 Kor 11,29): Wer die Eucharistie unwürdig empfängt, isst und trinkt sich das Gericht, weil er den Leib des Herrn nicht unterscheidet.

Diese Unterscheidung zu treffen ist demnach eine lebensentscheidende Sache; doch ist die bei der Kommunion anstehende Unterscheidung nur die erste von einer langen Kette weiterer Unterscheidungen, die sie nach sich zieht: Zu unterscheiden ist dieses eucharistische Brot und dieser Wein im Kelch von jeder anderen Speise und allen anderen Getränken, die Menschen zu sich nehmen, denn es ist Leib und Blut des Herrn; zu unterscheiden ist dieser junge Mann aus Galiläa von allen anderen Weisheitslehrern und Religionsstiftern, denn er ist der Sohn des lebendigen Gottes; zu unterscheiden ist dieser gewaltsame Kreuzestod von allen anderen Formen menschlichen Martyriums, denn hier geschieht die Erlösung der Welt. Noch viele andere Formen der Unterscheidung wären hier anzufügen, sie alle betreffen die Grundfrage: Hat der lebendige Gott in den Lauf dieser Welt eingegriffen, ist sie erlöst oder bleibt alles beim Alten, beim tödlichen Ablauf der Geschichte aller endlichen Geschöpfe? Diese Grundentscheidung spitzt sich zu im Eucharistieglauben: Gottes Liebe geht so weit, sich den Menschen als Lebensmittel zu schenken, als Mittel zum ewigen Leben. Darum kann ohne völlige Übereinstimmung in dieser Glaubensunterscheidung keine würdige Kommunion stattfinden, was auch ökumenische Konsequenzen hat! Auf sie hat Papst Johannes Paul II. in seiner Eucharistieenzyklika vom Gründonnerstag 2003[8] sehr zu Recht hingewiesen, wenn dies auch manche hitzige Debatte ausgelöst hat.

Die heutige kurze Kommunionformel ist nicht neu; sie stand bereits am Anfang der Kirchengeschichte. Sie traf

---

[8] Papst Johannes Paul II.: Ecclesia de Eucharistia. Enzyklika an die Bischöfe, an die Priester und Diakone, an die gottgeweihten Personen und an alle Christgläubigen über die Eucharistie in ihrer Beziehung zur Kirche vom 17. April 2003. Verlautbarungen des Apostolischen Stuhls, hrsg. vom Sekretariat der Deutschen Bischofskonferenz Heft 159. Bonn 2003.

ein ähnliches Schicksal wie manch anderes kurzes Wort in der liturgischen Feier und wurde im Lauf der Zeit immer ausgedehnter. Die Älteren erinnern sich vielleicht an die frühere Kommunionformel, die eigentlich besser in die Sterbendenkommunion passt: „Der Leib unseres Herrn Jesus Christus bewahre deine Seele zum ewigen Leben." Ganz ausführlich spricht der Priester im byzantinischen Ritus: „Es empfängt der Knecht / die Magd Gottes (Namen) den Leib und das Blut unseres Herrn, Gottes und Erlösers Jesus Christus zur Vergebung all seiner/ihrer Sünden und zum ewigen Leben. Amen." Dabei soll gerade die Nennung des Namens auf die intime Freundschaft mit Gott hinweisen.

Bei den wenigen Kommunikanten, die in byzantinischen Eucharistiefeiern zur Kommunion gehen, ist diese lange – und auch sehr schöne – Formel gut verwendbar. Unsere großen Kommunikantenzahlen verlangen aber doch die kurzen Worte des heiligen Frage- und Antwortspiels. Als solches sollte es auch gestaltet werden: Der/die Austeilende sollte die Hostie dem Empfänger entgegenhalten und ihn mit dem Spendewort „Der Leib Christi" mit dem Eucharistieglauben der Kirche konfrontieren. Es sollte deshalb darauf geachtet werden, den Leib des Herrn auch wirklich in einem kurzen Zeigegestus dem Empfänger entgegenzuhalten und nicht ohne jeden Blickkontakt in einer gewissen Hetze aus der Hostienschale eine Hostie nach der anderen eben bloß auszuteilen. Wenn er auch als „Frage-und-Antwort-Spiel" bezeichnet wurde, so darf dieser höchst intensive Dialog aber doch vom Tonfall nicht so gestaltet sein, dass der Austeilende stets die Frageform hervorkehrt und die Stimme bei der Erwähnung Christi hebt. Ein ruhiges, festes Sprechen der Spendeformel, das in überzeugender Weise den Glauben des Spenders an die

Gegenwart des Herrn im eucharistischen Brot zum Ausdruck bringt, ist wohl am angemessensten.

Hand- und Mundkommunion

Viel wurde darüber gestritten, was die würdigere Weise des Kommunizierens sei: Handkommunion oder Mundkommunion. Eher traditionell orientierte Katholiken tun sich heute noch damit schwer und sehen in der bereits jahrhundertealten und auch in anderen christlichen Kirchen selbstverständlichen Mundkommunion die einzig richtige Art zu kommunizieren. Zuweilen kann man sogar auf Kampfschriften einschlägiger Gruppen stoßen, nach denen angeblich Jesus selbst in besonderen Visionen und Offenbarungen an besondere Menschen die Handkommunion als Gotteslästerung mit furchtbaren Katastrophen bestrafen wird.

All dies hält einer geschichtlichen und erst recht theologischen Betrachtung nicht stand. Vor allem darf es nicht darum gehen, verschiedenen Teilen des menschlichen Leibes unterschiedliche Würdegrade zuzumessen oder die Weisen des Entgegennehmens der eucharistischen Speise in den Mund oder auf die Hand von vornherein mit größerer oder minderer Ehrfurcht zu verbinden. Auf beide Weisen kann man sehr ehrfürchtig oder auch sündhaft unwürdig kommunizieren.

Unstrittig ist die Handkommunion die ältere Kommunionweise. Sie verschwand nicht nur deshalb, weil die Ehrfurcht der Menschen vor dem Kommunionempfang einer tiefen Angst vor der unwürdigen Kommunion wich, sodass man immer seltener kommunizierte, sondern auch zur Verhütung abergläubischen Missbrauchs des Allerheiligsten. Man legte die Kommunion den Menschen auf die Zunge und sollte genau genommen sogar darauf achten, dass diese die eucharistische Speise auch hinunterschluckten, sie nicht mit nach Hause nahmen und als nur oberflächlich Bekehrte damit irgendwelchen Unsinn trieben.

Der zeitliche Vorrang der Handkommunion zeigt sich schon in der exakten Beschreibung der Haltung der Hände, die einen Thron bilden sollen. Sie ist enthalten in den mystagogischen Katechesen des Kyrill von Jerusalem (313-387 n. Chr.): „Wenn du dann hingehst, komm nicht mit vorgestreckten Handflächen oder gespreizten Fingern. Mache die Linke zum Thron für die Rechte, die den König empfangen soll. Mache die Hand hohl, empfange so den Leib Christi und sage ‚Amen' dazu. Nimm es vorsichtig, heilige die Augen durch die Berührung mit dem Heiligen Leib und pass auf, dass du nichts davon verlierst. Denn wenn du etwas verlierst, so ist das als littest du an deinen eigenen Gliedern Schaden. Sag mir: Wenn dir jemand Goldstaub gäbe, würdest du ihn dann nicht mit großer Sorgfalt festhalten und aufpassen, dass du nichts davon verlierst und Schaden leidest? Wirst du also nicht noch viel sorgfältiger auf das achten, was wertvoller ist als Gold und Edelsteine, um keine Stücke davon fallen zu lassen? Nachdem du Anteil genommen hast am Leibe Christi, komm auch zum Kelch des Blutes" (Mystagogische Katechesen V, 21).

Es ist müßig, darüber zu diskutieren, welcher Körperteil edler ist und daher eher für die Berührung mit dem Allerheiligsten infrage kommt. Um es auf eine Formel zu bringen: Sündigt der Mensch mehr mit der Hand oder eher mit dem Mund? Natürlich ist und bleibt der ganze Mensch ein Sünder, welcher der erbarmungsvollen Vergebung durch Gott bedarf. Für diesen sündigen Menschen stehen die Hände als Symbol. Es sind die

Hände des Vaters, mit denen er für seine Familie den Lebensunterhalt erwirbt; es sind die Hände der Mutter, die für das umfassende Wohl der Familie sorgen. Zu allem, was der Mensch ist und was er tut, benötigt er seine Hände. So sieht es auch der Bischof Kyrill von Jerusalem. Die Hände, welche die heilige Kommunion empfangen und zum Munde führen, stehen für den ganzen Menschen, in dessen Herz – wieder ein Symbol, diesmal für das Zentrum der Persönlichkeit – Christus Einzug halten will. Die geöffneten Hände des Kommunizierenden sind der für die Ankunft Christi aufnahmebereite Thron.

Was Menschen derart mit ihren Händen beim Kommunionempfang machen, ist ein Thema der ostkirchlichen Ikonenfrömmigkeit und wirkt sich sogar auf die Gestalt des Altares aus. Es gibt Ikonen, die zeigen einen leeren Altar und bezeichnen ihn als den „bereitstehenden Thron" für die Wiederkunft Christi. Was sich am Ende der Zeit sichtbar in aller Herrlichkeit ereignen wird, das ereignet sich in jeder heiligen Messe in der Wandlung: Christus kommt immer neu auf den Altar hernieder, aber verborgen in den Gestalten von Brot und Wein. Darum ist der Altar der für seine eucharistische Ankunft bereitstehende Thron, auf dem keine Blumen, noch nicht einmal Kerzenleuchter abgestellt werden dürfen. Er ist „heiliges Land", das der Herr selbst betritt. Auch die Hände des Gläubigen, der zur Kommunion herantritt, sind ein „Altar" und „heiliges Land". Wer das weiß, kann die Handkommunion eigentlich nur würdig vollziehen.

Auch der Empfang der heiligen Kommunion in den Mund kann sehr Bedeutsames aussagen: Wie kleine Kinder, die gefüttert werden müssen, sind wir vor Gott allesamt Unmündige, kleine Wesen, die sich das zum ewigen Leben notwendige „Lebensmittel" nicht selbst nehmen, so wie sie es im üblichen Leben tun. Wie gesagt: Beide Arten, die Eucharistie zu empfangen, können unter sehr frommen Gesichtspunkten bejaht werden. Nur darf um diese beiden Weisen des Kommunizierens kein Streit entstehen, vor allem keine gegenseitigen Verdächtigungen, sei es vonseiten der eher traditionell eingestellten Gläubigen oder der anderen, welche die Handkommunion für sich vorziehen.

Diejenigen, welche die heilige Kommunion austeilen, sind in erster Linie Diener(innen) der Gläubigen und ihrer Frömmigkeit. Sie haben zu respektieren, wie die Gläubigen gemäß ihrer Überzeugung den Leib des Herrn empfangen möchten. Bei der Reichung der Kommunion in den Mund ist besonders darauf zu achten, dass die Finger des Austeilenden nicht die Zunge oder Zähne des Empfängers berühren. Mit einem ganz leichten Druck soll die Oberkante der Hostie auf die Zunge des Gläubigen gelegt werden. Auch wird man zuweilen nicht davor gefeit sein können, auch einmal „gebissen" zu werden, wenn der Kommunizierende sein „Amen" gerade dann sagt, wenn sich die Finger des Reichenden noch in seinem Mund befinden. Wird in einer Gemeinde häufig die Mundkommunion geübt, dann ist es angebracht, dass der Austeilende unter der Hostienschale ein Kelchtüchlein bereit hält, um gegebenenfalls die durch Berührung mit dem Mund des Empfängers feucht gewordenen Finger abzuwischen.

Darf die Kommunion jemandem verweigert werden?

Diese Frage beschäftigt viele Kommunionhelferinnen und Kommunionhelfer und beunruhigt sie zuweilen in ihrem Gewissen. Was ist zu tun, wenn man jemanden zum Empfang der Kommunion auf sich zukommen oder an der Kommunionbank stehen sieht, von dem/der man weiß, dass er bzw. sie eigentlich gar nicht zur heiligen Kommunion gehen dürfte, weil er/sie z. B. aus der Kirche ausgetreten ist. Kurz und knapp kann auf diese Frage geantwortet werden, dass es nicht die Aufgabe des/der Kommunionausteilenden ist, sich darum zu kümmern, sondern die des zuständigen Pfarrers. Er hat auf die Menschen zuzugehen und mit ihnen ein seelsorgliches Gespräch zu führen, damit sie zu einem würdigen und fruchtbaren Kommunionempfang bereitet werden. Der oder die Kommunionausteilende hat während der Messe keine Diskussion über den Wunsch eines Menschen nach dem Empfang der heiligen Kommunion zu führen, wodurch leicht jemand diskriminiert werden könnte. Jede Entstehung von Skandal und Ärgernis ist zu vermeiden.

Die Kommunion ist also stets zu reichen, außer in dem Fall, dass die Gabe des Herrenleibes in der gesamten Gemeinde Irritationen oder gar Ärgernisse hervorrufen könnte. Das würde mit Sicherheit geschehen, wenn sich z. B. jemand volltrunken der Kommunionbank nähert, oder wenn eindeutig als Nichtchristen erkennbare Menschen sich in der Menge der Gläubigen nach vorne begeben. Auch in diesem Fall ist keine Diskussion angebracht. Nach eigener Erfahrung hilft es, diese Menschen mit einem kleinen Kreuzzeichen auf die Stirn zu segnen. Sie erfahren so, dass sie nicht „vergebens" nach vorne gekommen sind, und kehren ohne Weiteres auf den Platz zurück.

Das Kreuzzeichen als „Antídoron" für die Kleinkinder

In der Eucharistiefeier im byzantinischen Ritus der Ostkirche gibt es am Ende der Liturgie das Antídoron, auf Deutsch die „Ersatzgabe". Darunter versteht man gesegnetes Brot – im Idealfall sind es die restlichen Brotstücke desjenigen Brotes, aus dem die für die Kommunion bestimmten Teile herausgeschnitten und konsekriert wurden. Das gesegnete Brot soll symbolhaft den Segen verdeutlichen, den die Feier der Liturgie immer bewirkt, auch demjenigen, der sich aus gewissen Gründen nicht an der Kommunion beteiligen will oder kann. Ihm dient das Stückchen gesegneten Brotes als „Kommunionersatz", eben als „Antídoron".

Heute bringen viele Mütter beim Kommunizieren ihre kleinen Kinder mit nach vorne zum Ort der Kommunionausteilung. Man soll sich nicht täuschen, auch diese Kleinkinder „erwarten" etwas. Was ist naheliegender, als sie zu segnen und ihnen ein kleines Kreuzzeichen auf die Stirn zu zeichnen, gleichsam als „Antídoron" für die Kommunion, die sie erst später empfangen werden? Auch die Kommunionhelferinnen und Kommunionhelfer sind wie alle getauften und gefirmten Christen dazu befähigt und berufen, Gottes Segen auf einen Menschen herabzurufen. Als Väter und Mütter haben sie ihre Kinder daheim (hoffentlich) auch gesegnet oder tun dies zuweilen immer noch. Also auch hier im Vollzug dieses Laiendienstes: Man zeichnet auf die Stirn des Kindes ein Kreuz und sagt: „Es segne dich der allmächtige Gott."

Auf alle Fälle muss vermieden werden, den Kindern in irgendeiner Form etwas Essbares – Kekse zum Beispiel – als Kommunionersatz zu reichen. Es wird in der später erfolgenden Vorbereitung auf die Erstkommunion sehr schwer fallen, den Unterschied zwischen der alltäglichen Speise und dem Leib des Herrn zu erläutern, wenn Kinder seit Jahren vielleicht erfahren, dass die kommunizierende Mutter im gleichen Akt des Kommunizierens etwas völlig anderes empfängt als das Kind, dem der lächelnde Pastor an der Kommunionbank zwar liebevoll, aber seelsorglich völlig unverantwortlich einen Keks überreicht.

Bei Missgeschicken keine Panik!

Am Abend vor seinem Leiden hat sich der Herr Jesus uns Menschen wortwörtlich ausgeliefert und in unsere Hände begeben. In seiner Weisheit muss er damit gerechnet und es in seiner unbegrenzten Güte auch wohl einkalkuliert haben, dass beim Austeilen und beim Empfangen der heiligen Kommunion Missgeschicke vorkommen können. Deshalb gilt als erste Regel für alle Austeilenden: keine Panik!

Wenn beim Austeilen die Hostie auf den Boden fällt, dann nimmt sie der Kommunionhelfer vom Boden auf, isst sie selbst und fährt mit dem Austeilen fort. Dies gilt natürlich nur für den Fall, dass die Hostie nicht derart verschmutzt ist, dass man niemandem mehr zumuten kann, sie zu sich zu nehmen. In diesem Fall legt man die verschmutzte Hostie auf den Altar und versorgt sie später. Das heißt: Man legt diese Hostie in ein Glas mit klarem Wasser, bis die Brotsgestalt sich darin aufgelöst hat. Die eucharistische Gegenwart des Herrn ist ja an die Brotform gebunden, und wenn keine Brotform mehr zugegen ist, ist auch die eucharistische Gegenwart nicht mehr gegeben. Das Wasser, worin sich die Hostie aufgelöst hat, verlangt aber doch eine gewisse ehrfürchti-

ge Behandlung; man wird es weder in das Waschbecken oder in einen sonstigen Ausguss schütten, sondern am besten den Blumen geben, wenn kein Sakrarium vorhanden ist, ein Ausguss, der direkt ins Erdreich führt. Ähnlich verfährt man bei der Krankenkommunion, wenn ein Kranker die Hostie nicht mehr schlucken kann oder sogar erbrochen haben sollte.
Früher gab es in den Kirchen neben dem Tabernakel ein sogenanntes „Ablutionsgefäß“: Ein mit Wasser gefülltes und mit einem Deckel versehenes Gefäß, indem man nach dem Kommunionausteilen etwa an den Fingern haftende Partikel oder eben auch verschmutzte Hostien zur Auflösung hineingeben konnte. Gerade unter diesen genannten Gesichtspunkten wäre ein unauffälliges Ablutionsgefäß nach wie vor sinnvoll.

Was tun, wenn jemand die Eucharistie mitnimmt, ohne zu kommunizieren?

Ein Missgeschick neuer Art ist gar nicht so modern: Wiederholt nehmen schlecht unterrichtete Kinder (manchmal auch Erwachsene!) die Kommunion mit, ohne die Hostie zu sich zu nehmen. Als vor der Jahrtausendwende die bis dahin übliche Handkommunion durch die Mundkommunion abgelöst wurde, da waren es auch ähnliche Gründe, die zu diesem Wechsel führten: Die nur schlecht in ihrem Glauben unterrichteten neuen Christen nahmen die Hostie mit nach Hause und stellten mit ihr allen möglichen abergläubischen Unfug an. Es steht zu befürchten, dass sich bei fortschreitender Entfremdung von Glaube und Gottesdienst diese Situation wieder einstellen kann, wenn sie z. B. in Schulmessen nicht schon längst wieder vorhanden ist.
Sollte also der oder die Kommunionausteilende eingrei-

fen, gegebenenfalls sogar nachlaufen, wenn jemand mit dem Leib des Herrn in der Hand wegläuft? Auch wenn manche sich dagegen wehren sollten, naheliegend ist es allemal! Denn wenn wir zu den eucharistischen Gestalten schon „das Allerheiligste" sagen und damit ausdrücken, dass es für uns Gläubige nichts Wertvolleres auf Erden gibt, dann können wir es nicht zulassen, dass damit Unfug getrieben wird, ohne dass unser Glaube und unsere Glaubwürdigkeit vor den anderen Gläubigen Schaden nimmt. Also, auch wenn es schwer fällt: Nachlaufen, die Hostie zurückverlangen und sie behandeln wie eine zu Boden gefallene.

Die Kelchkommunion

Kelchkommunion für alle?

Gerade heute, da wir in jeder heiligen Messe die Wandlungsworte deutlich hören, wird dem aufmerksamen Teilnehmer an der liturgischen Feier klar, dass das Gesagte und das Vollzogene oftmals weit auseinander liegen. Da heißt es im Wort über den Kelch: „Nehmet und trinket alle daraus." Aber außer dem Priester, dem Diakon und vielleicht noch den Kommunionhelfern und Lektoren trinkt niemand aus dem Kelch. Jahrhundertelang war es ganz eindeutig in der katholischen Kirche geregelt, dass der Priester allein das heilige Blut Christi empfängt.

Dagegen bezeugt der heilige Bischof Kyrill von Jerusalem aus der Zeit der Alten Kirche (ca. 314 n. Chr.) eindeutig: „Dann aber, wenn du des Leibes Christi teilhaft geworden bist, tritt auch zum Kelch des Blutes hinzu, ohne die Hände auszustrecken, sondern verbeugt und in der Haltung der Anbetung und der Ehrfurcht und sage das Amen und heilige dich, indem du auch am Blute Christi teilnimmst. Und wenn noch deine Lippen feucht sind, berühre sie mit den Händen und heilige die Augen und die Stirn und die übrigen Sinne. Dann warte auf das Gebet und danke Gott, der dich solcher Geheimnisse gewürdigt hat" (Mystagogische Katechesen V, 21).

Wie konnte es im Gegensatz zur Alten Kirche und zu den Gebräuchen aller Ostkirchen, welche die Teilnahme aller Gläubigen am Blute Christi niemals verloren haben, dazu kommen, dass das Abendland so eindeutig gegen den Befehl Jesu gehandelt hat?

Neben einer übergroßen Scheu vor der Gefahr des Verschüttens, neben der Angst vor Ansteckung trug nicht zuletzt auch die Hervorhebung des Unterschieds zwischen Klerikern und Laien zwar dazu bei, dass die Kelchkommunion der Laien außer Übung kam, aber die entscheidende Ursache war eine andere.

Im Übergang zum Mittelalter rückte die Gottheit Jesu und damit auch seine himmlische Herrlichkeit und seine Wiederkunft als strenger Richter des Jüngsten Tages derart in den Mittelpunkt, dass seine Menschenfreundlichkeit und Barmherzigkeit leicht in Vergessenheit geraten konnte.

Die Menschen fürchteten sich vor der Kommunion. Sie hatten große Angst davor, sich durch ein möglicherweise unwürdiges Kommunizieren Christi Zorn zuzuziehen, zumal ja die Heilige Schrift ausdrücklich vor der unwürdigen Kommunion warnt. Welcher Mensch aber ist jemals wirklich würdig, Christi Leib und Blut zu empfangen? Die Christen des Mittelalters fanden in der Anbetung des eucharistischen Brotes einen Ausweg: Man versprach sich von der Anbetung der Hostie im Augen-

blick der Wandlung, dann aber auch in der eucharistischen Aussetzung in der Monstranz ähnliche, wenn nicht sogar die gleichen Gnadengaben wie vom wirklichen Kommunizieren. Es war dies ja auch die Zeit der aufkommenden Anbetungsfrömmigkeit und der Einführung des Fronleichnamsfestes. Folglich konzentrierte sich das Interesse der Menschen auf die Gestalt des Brotes, das – inzwischen zur dünnen, weißen Hostie geworden – ja auch wirklich gesehen werden konnte, im Gegensatz zum heiligen Blut, das man nicht sah, sondern lediglich den Kelch, der es in sich barg.
Das wirkliche Kommunizieren – unter beiderlei Gestalt – überließ man stellvertretend für die Gemeinde dem Priester. Hätte das vierte Laterankonzil von 1215 nicht das heute noch geltende Kirchengebot erlassen, wonach jeder Katholik zumindest einmal im Jahr die heilige Kommunion wirklich empfangen muss, so wäre das Kommunizieren bei den Laien womöglich ganz abgestorben und zu einem der typisch priesterlichen Vorrechte geworden, wie es denn die Kelchkommunion ja auch für viele Jahrhunderte wurde. Als dann auch noch kirchenkritisch eingestellte Personen und Gruppen (z. B. die Reformatoren) auf diesen Missstand hinwiesen, wurde in der katholischen Kirche erst recht nichts geändert.
Heute ist es wieder anders. Nach zögerlichen Anfängen (Brautpaare, Angehörige eines Primizianten, Gruppenmessen u. a.) kann heute die Einladung zur Teilhabe am heiligen Blut grundsätzlich in jeder Feier der heiligen Messe ausgesprochen werden. Bestimmte noch die „Allgemeine Einführung ins Messbuch" (AEM 242), dass die Kelchkommunion bei einer großen Anzahl von Kommunzierenden ausgeschlossen sein soll, so betont die neue „Grundordnung" (Nr. 283) lediglich, dass alle

Gefahren der Verunehrung vermieden werden sollen, etwa bei großem Andrang. Es bleibt also nur die Frage, wie die Austeilung der zweiten Gestalt gestaltet sein soll.

WIE ABER SOLL DAS HEILIGE BLUT CHRISTI AUSGETEILT WERDEN?

Nicht mehr das „dass" der Kelchkommunion ist heute noch eine Frage, dafür aber umso mehr das „wie" derselben. Die ideale Vollform der Teilhabe am heiligen Blut besteht im Trinken aus dem Kelch bzw. aus mehreren Kelchen, die von Kommunionhelfer(inne)n gereicht werden. Da die Brotkommunion schneller vonstattengeht als die Reichung des Kelches, hat die Erfahrung gezeigt, dass die Kommunionspendung dann am besten funktioniert, wenn auf einen Austeiler der Brotkommunion zwei Spender der Kelchkommunion kommen. Diese sollten seitlich neben dem Spender der Brotkommunion stehen, damit sich keine Staus bilden und auch derjenige, der die Kelchkommunion nicht empfangen möchte, ohne Aufsehen daran vorbeigehen kann. Obwohl Untersuchungen gezeigt haben, dass übergroße Befürchtungen vor Ansteckung durch das gemeinsame Trinken aus dem Kelch nicht berechtigt sind, sollten die Spender des Kelches den Rand sorgsam nach jeder Kommunion abwischen; auch sollten sie darauf achten, dass der Kommunizierende den Kelch wirklich fest in der Hand hält und jede Gefahr des Verschüttens oder einer sonstigen Verunehrung sorgsam vermieden wird.

Andere Formen, die ein echtes Trinken ermöglichen, haben sich nicht bewährt. In vielen evangelischen Gemeinden gibt es kleine Kelche, die für einen liturgisch wenig beheimateten Menschen eher wie kleine metallene Eierbecher oder Schnapsgläser aussehen. Wenn sie zudem auf einem Tablett stehen und

durch die Reihen gereicht werden, ist die Erinnung an eine feucht-fröhliche Runde mit Hochprozentigem gar nicht so fern. Auch die Weise des Trinkens aus derart kleinen Gefäßen ist ungewollt wohl immer mehr nach der Art des „Kippens" eines scharfen Obstbrandes gestaltet als ein feierlich-würdiges Trinken, wie es nur ein größeres Gefäß gestattet. Ganz aus dem Blick geraten sind für den heutigen Menschen Lösungen, wie sie es schon einmal in der Geschichte gab, wie die „Fistula", ein wertvoller Trinkhalm aus Gold oder Edelmetall, den der Empfänger in den Kelch eintaucht und das heilige Blut ansaugt. Diese Weise, flüssige Nahrung zu nehmen, ist in unserer Kultur viel zu sehr mit einem Trinken verbunden, wie es auf Sportplätzen oder in anderen Freizeiteinrichtungen gegeben sein mag, sich aber für die Feier der Eucharistie als denkbar ungeeignet präsentiert. Auch der Gebrauch eines Löffels für die Kommunionspendung, wie er in verschiedenen Ostkirchen für die Reichung beider Gestalten üblich ist, kann sich in unseren Breiten wohl kaum durchsetzen.

Die Teilhabe am heiligen Blut durch Eintauchen

Da sich das wirkliche Trinken aus dem Kelch in unseren Kulturzonen nur sehr schwer einführen lässt, bleibt – nach östlichem Vorbild – nur das Eintauchen der Hostie in den konsekrierten Wein übrig, um den Wunsch unseres Herrn zu erfüllen, dass alle außer an seinem Leib auch an seinem Blut Anteil erhalten sollen. Bei alledem bleibt aber die klassische Begründung für den Empfang auch nur einer Gestalt bestehen: In Brot und Wein der Eucharistie empfängt der Christ nicht Christi Fleisch und Blut, wie es am Kreuz hing und aus den Wunden floss, sondern ihn als lebendige Person, unter Brot und Wein ihn selbst und ganz. Darum ist es auch nach wie vor möglich und sinnvoll, lediglich unter einer der beiden Gestalten zu kommunizieren.

Für die Austeilung des heiligen Leibes, der in das Blut Christi eingetaucht worden ist, sieht die „Grundordnung des Römischen Messbuchs" (Nr. 287) nur die Mundkommunion vor: Der Spender taucht das eucharistische Brot zu einem kleinen Teil in den verwandelten Wein, zeigt es dem Empfänger mit den Worten „Der Leib und das Blut Christi" und reicht ihm die Kommunion in den Mund. Zweifellos ist dies eine praktikable und zudem sehr würdige Weise des Kommunizierens unter beiden Gestalten. Am besten geschieht dies durch den Dienst zweier Spender, die nebeneinander stehen: Einer trägt die Hostienschale, der andere hält den Kelch mit dem heiligen Blut in den Händen; die Hand, die den Kelch hält, umfasst zusätzlich ein Kelchtuch. Der den Kelch

haltende Kommunionspender entnimmt der Hostienschale eine Hostie, taucht sie in das heilige Blut ein und reicht dem Kommunikanten auf die Zunge und spricht dabei: „Der Leib und das Blut Christi." Der den Kelch haltende Kommunionhelfer hält mit der anderen Hand das Kelchtüchlein so, dass ein „Sicherheitsnetz" zwischen Kelch und Kommunikant entsteht, sodass gewährleistet ist, dass kein Tropfen des heiligen Blutes zu Boden fällt. Nach dem Artikel 104 der römischen Instruktion „Redemptionis Sacramentum" – sie will Missbräuchen und Fehlentwicklungen in der Eucharistiefeier vorbeugen und mit der Zeit in die Liturgie eingeschlichene Fehler korrigieren[9] – ist es den Kommunikanten nicht gestattet, die Hostie selbst in das heilige Blut einzutauchen. Zu groß ist die Gefahr, dass die Finger vom heiligen Blut benetzt werden.

Andererseits steht zu befürchten, dass vielleicht hier und dort neue „Grabenkämpfe" um die Kommunionweise entstehen können, wenn Menschen befürchten, über die Kommunion unter beiderlei Gestalten entweder wieder zur Mundkommunion gezwungen zu werden oder aber auf die Teilhabe am Blut Christi verzichten zu müssen. Doch sollte zumindest an gewissen herausragenden Tagen dem Befehl Jesu vom Abendmahlssaal „Trinket alle daraus" Gehorsam erwiesen werden. Ganz getreu wird dem Wort Jesu entsprochen, wenn die Kommunikanten den Kelch zum Trinken gereicht bekommen. Der Spender spricht die Spendeformel „Das Blut Christi", der Kommunikant antwortet „Amen", nimmt den Kelch in seine Hände, trinkt daraus und gibt ihn dem Spender zurück. Dieser wischt mit dem Kelchtüchlein den Rand ab und dreht den Kelch eine viertel

[9] Redemptionis Sacramentum. Instruktion vom 25. März 2004 über einige Dinge der heiligsten Eucharistie, die einzuhalten und zu vermeiden sind. Verlautbarungen des Apostolischen Stuhls, herausgegeben vom Sekretariat der Deutschen Bischofskonferenz Heft 164. Bonn 2004.

Drehung, bevor er das heilige Blut dem nächsten Kommunikanten reicht. Auch hier kommt man nicht ohne große Sorgfalt aus: Es ist unbedingt darauf zu achten, dass die Kommunikanten den Kelch fest in ihren Händen halten, damit das Reichen und Zurückgeben unter keinen Umständen dazu führt, dass der Kelch mit dem heiligen Blut zu Boden fällt.

Da die Reichung des Kelches zum Trinken längere Zeit beansprucht als die Reichung des eucharistischen Brotes, braucht man mehrere Austeiler des heiligen Blutes. Wenn auf einen Austeiler des heiligen Leibes jeweils zwei Spender des heiligen Blutes kommen, so entsteht

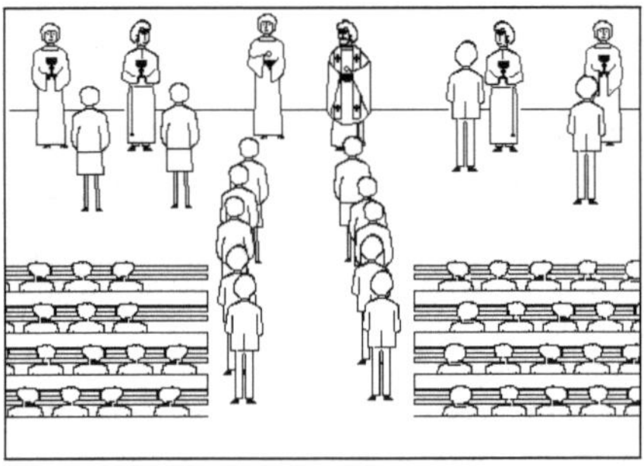

kein „Stau" und die Spendung der heiligen Kommunion nimmt nicht mehr Zeit in Anspruch als in den anderen Gottesdiensten, in denen nur die eucharistische Brotsgestalt gereicht wird. Auch die Kelche nehmen die Spender nicht selbst vom Altar, sondern bekommen sie vom Priester zusammen mit dem Kelchtüchlein überreicht.

Weitere Dienste in der heiligen Messe

Das Zurückbringen der übrig gebliebenen Hostien zum Tabernakel

Nach der Beendigung der Kommunionausteilung wird eine(r) der Kommunionhelfer(innen) die übrig gebliebe-

nen Hostien in den Tabernakel bringen, wenn nicht der Priester selbst dies tut. Das Übertragen des Allerheiligsten gestaltet sich entsprechend dem Überbringen der Schale mit den Hostien aus der letzten Messfeier aus dem Tabernakel vor dem Beginn der Kommunionausteilung. Nach Öffnen der Tabernakeltür macht der/die Kommunionhelfer(in) eine Kniebeuge, bevor er/sie das Hostiengefäß entnimmt; ebenso verehrt er/sie das Allerheiligste, nachdem es in den Tabernakel gestellt wurde vor dem Schließen des Tabernakels. Für das Verhalten vor dem Tabernakel ebenso wie für das Übertragen selbst zum bzw. vom Altar gilt ein von Ehrfurcht gekennzeichnetes Verhalten. Es sollte alles natürlich und ungekünstelt vor sich gehen, aber man sollte dem/der Kommunionhelfer(in) doch die Ehrfurcht anmerken, dass er/sie auch weiß, was – oder vielmehr wen! – er/sie in der Gestalt des konsekrierten Brotes tragen darf.
Sollte bemerkt werden, dass der Tabernakel an Hostien „überfließt", so sollten der Priester und auch der zuständige Küster informiert werden. Es ist ein ständig wiederholtes, aber doch nur selten erreichtes Ideal, möglichst allen Gläubigen die in der heiligen Messe auch konsekrierten heiligen Gestalten zu reichen. Im Tabernakel sollte sich neben der für die Verehrung und Anbetung bestimmte und in der Monstranz ausgesetzte Hostie nur eine „eiserne Reserve" für die Kommunion der Sterbenden und Kranken befinden, die natürlich auch dann genommen wird, wenn so viele Mitfeiernde zur Messe kommen, dass die vorbereiteten Hostien nicht ausreichen. Auch sollten die Hostien im Tabernakel ständig erneuert werden, weshalb es schon aus diesem Grund meistens so sein wird, dass jemand das Gefäß mit dem Allerheiligsten aus dem Tabernakel hervor holt und die restlichen Hostien dort wieder verschließt.

Krankenkommunion und andere Dienste an der heiligen Eucharistie

Die Krankenkommunion

Schon zu Zeiten, als der Kommunionhelferdienst noch jung war, zählte der eucharistische Dienst an den Kranken, Alten und Behinderten zu den vorzüglichen Aufgaben. Schon die zu Beginn der Siebzigerjahre des letzten Jahrhunderts stattgefundene Gemeinsame Synode der Bistümer in der Bundesrepublik Deutschland erwähnt im „Beschluss Gottesdienst" (2.3) den Dienst von Kommunionhelfer(inne)n, die den Kranken vielleicht sogar an jedem Sonntag die heilige Kommunion überbringen. Von Anbeginn an ist die Überbringung der Krankenkommunion und die Feier eines kleinen Kommuniongottesdienstes im Krankenzimmer eine der vorzüglichsten Aufgaben des Kommunionhelferdienstes.

Besondere Seiten dieses Dienstes

Für die Mithilfe beim Überbringen der Krankenkommunion sind einige Besonderheiten zu beachten. Der/die Kommunionhelfer(in) wird einen kleinen, aber festen Kreis von Kranken, Alten und Behinderten besuchen und über die Zeit mit großer Sicherheit zu den besuchten Menschen ein herzliches Verhältnis gewinnen. Unverzichtbar ist die Einführung der Kommunionhelfer bei den Kranken und deren Familien durch den Pfarrer. Das erste Mal wird er mit seinen Kommunionhelfer(inne)n den Kommuniondienst selbst versehen und sie dabei vorstellen.

Zuvor hat er seine Kommunionhelfer(innen) in die besonderen Lebenssituationen der einzelnen Empfänger der Krankenkommunion eingeweiht. Er wird mit aller Offenheit darüber reden (müssen), wie es in den einzelnen Familien bestellt ist, etwa darüber, wie religiös das familiäre Umfeld ist, auf welche besonderen Empfindlichkeiten man zu achten hat oder wie man etwa auf immer wiederkehrende Klagen über Familienangehörige reagieren soll.

Auch wenn der/die Kommunionhelfer(in) zweifellos ein Laie ist und bleibt, so gilt hier jedoch auch für ihn/sie eine durchaus priesterliche Verpflichtung: das „Beichtgeheimnis". Es ist nicht nur eine Sache fehlenden Anstandes, sondern fällt durchaus in die Kategorie der Sünde, sollte jemand im Gespräch mit den Kranken und Alten Gehörtes unter die Leute tragen. Ein(e) solche(r) Kommunionhelfer(in) wäre für den eucharistischen Dienst insgesamt nicht weiter tragbar!

Noch eine weitere Ehrensache: Sollte der/die Kommunionhelfer(in) bei ihren Besuchen feststellen, dass es dem/der besuchten Kranken immer schlechter geht, so wird er/sie den Pfarrer informieren, damit er zur Feier der Krankensalbung und auch zur Überbringung der Sterbendenkommunion („Viaticum") kommen kann. Beides ist also von dem/der Kommunionhelfer(in) gefordert: Diskretion und „pastorale Klugkeit".

Nach der Einführung durch den Pfarrer wird der/die Kommunionhelfer(in) auch im Großen und Ganzen wissen, mit welcher religiösen Atmosphäre bei den Besuchen zu rechnen ist. Schon die Bandbreite der Möglichkeiten, das Krankenzimmer zu schmücken, gibt davon ein beredtes Zeugnis ab: Bei einigen Familien wartet ein richtiger, mit Blumen, Leuchtern, Figuren und Kruzifix reich geschmückter Fronleichnamsaltar darauf, in

Dienst genommen zu werden; selbst das Weihwasser fehlt nicht für das Kreuzzeichen zu Beginn. Bei anderen muss man von einem verdreckten Krankentisch erst den kalt gewordenen Kaffee wegräumen, um zwischen Essensresten einen Platz für das Allerheiligste zu finden. Für den letzteren Fall wird der/die Kommunionhelfer(in) selbst ein kleines Kruzifix und eine Kerze dabei haben, um das absolute Minimum einer religiös-gottesdienstlichen Atmosphäre gewährleisten zu können.

Wie überträgt man das Allerheiligste? Oder: Selbsterziehung zur Ehrfurcht

So banal diese Frage auf den ersten Blick erscheint, so sehr hat sie ihre Berechtigung. Wo soll das Gefäß – fachliturgisch mit dem griechischen Wort „Pyxis = Büchse" genannt – auf dem Weg von der Kirche zum Empfänger der Krankenkommunion transportiert werden?
Entweder zum Schluss der Sonntagsmesse oder zu einem anders abgemachten Zeitpunkt gehen die Kommunionhelfer(innen) mit dem Pfarrer zum Tabernakel und erhalten gemäß der Zahl der Kommunizierenden ihre Hostien. Die Erfahrung sagt dann auch, wer in der einen oder anderen Familie zusammen mit dem Kranken kommunizieren möchte; entsprechend erhöht sich die Zahl der Hostien.
Wohin aber mit den Pyxiden, welche die Hostien enthalten, zumal der/die Kommunionhelfer(in) mit dem Auto zu den Kommunikanten fahren muss? Auf jeden Fall soll auch hier der ehrfürchtige Umgang mit dem Allerheiligsten die Richtschnur sein; es kann nicht angehen, dass ein Herr das Allerheiligste wie ein Feuerzeug oder einen Hausschlüssel aus der Hosentasche hervorholt; ebenso unangemessen wäre es, wenn eine Kommunionhelferin

den Herrn der Welt in Brotsgestalt in ihrer Handtasche erst zwischen Lippenstift, Taschentüchern und anderen fraulichen Notwendigkeit mühsam suchen muss. Mit der Möglichkeit, die Hostienbehälter in einer Tasche um den Hals zu tragen, wird man eher nicht rechnen. Für Herren eignet sich am besten die Brustinnentasche der Jacke, für Damen in der Tat die Handtasche, doch sollte man dem Allerheiligsten einen exklusiven Platz einräumen. Schon das Achten auf solche Kleinigkeiten erzieht zur Ehrfurcht, die dem/der Kommunionhelfer(in) auch dann anzumerken ist, wenn er/sie vor den Augen anderer Menschen seinen/ihren Dienst tut.

Die Erwartung des Kranken an einen Kommuniongottesdienst ist bestimmend

Wie sollte nun der Kommuniongottesdienst am Krankenbett gestaltet sein? Zuvor eine der wichtigsten Regeln: Für die Gestaltung einer Kommunionfeier am Krankenbett oder in der Wohnung der von den Kommunionhelfer(inne)n Besuchten gibt es einen ziemlich weit gesteckten Rahmen. Darum bestimmt die Erwartung des Besuchten die Länge und die Ausführlichkeit der Feier. Eine rüstige alte Dame, die zeitlebens am Leben und Gottesdienst ihrer Gemeinde Anteil genommen hat, die geistig noch voll ansprechbar ist und viele Menschen kennt, wird ganz andere Ansprüche an den Krankenbesuch und an den Kommuniongottesdienst stellen als ein Krebspatient im letzten Stadium, der unter unsäglichen Schmerzen leidet, dem es schwer fällt, Besucher zu ertragen, und der sehr bald wieder allein sein möchte. Hier ist beileibe kein „Hochamt" angesagt, wie es im ersten Fall sehr wohl erwartet wird. Während hier Lesungen, Lieder und Gebete dem Ritus der Krankenkommunion noch hinzugefügt werden können und sollen, wird man sich im anderen Fall mit dem absoluten Minimum einer Krankenkommunion begnügen.

Auch sind bei Besuchen in Krankenhäusern und Altenheimen die verschiedenen Situationen gut zu unterscheiden. In katholischen Häusern mit Schwestern und Kapelle im Haus, aus der morgens auch schon die Messfeier in die Krankenzimmer übertragen worden ist, wird man sich bei der Spendung der Kommunion ebenfalls auf das Minimum beschränken können, da die Patient(inn)en durch die Übertragung schon das Wort Gottes gehört und von fern die Messe mitgefeiert haben. Was ist dieses Minimum? Es kann mit folgenden Schritten beschrieben werden:

- Kreuzzeichen zum Beginn und knappe Einleitung
- Vaterunser mit Einleitung
- Kommunionspendung
- Segen

Bei der Überbringung in Krankenhäuser oder Altenheimen, denen jede geistliche Atmosphäre fehlt (man denke nur an die von der Apparatemedizin beherrschten Intensivstationen), ist ein gerüttelt Maß an Diskretion angebracht; als Vertreter(in) einer „triumphierenden Kirche“ aufzutreten, erzielt allermeist das Gegenteil dessen, was beabsichtigt war.
Besonderes Fingerspitzengefühl ist notwendig, wenn ein Gläubiger im Mehrbettzimmer einer Klinik zu kommunizieren wünscht, die anderen Kranken aber keineswegs kirchlich oder gläubig sind. Der/die Kommunionhelfer(in), der/die sich hier ungeschickt verhält, geht nach kurzer Zeit wieder, aber der besuchte Kranke hat möglicherweise die Häme seiner Zimmergenossen auszuhalten. Je unauffälliger das gemeinsame Beten und das Reichen der Kommunion in diesem Fall geschehen kann, umso angemessener ist es. Das ist keine „Feigheit vor dem Feinde“, sondern geht als „Arkandisziplin“ auf die ältesten Zeiten der Kirche zurück, als man die Mysterien des Glaubens und den gesamten Gottesdienst vor den Heiden verbarg, damit die heiligen Geheimnisse und die Gläubigen zusammen mit ihnen geschützt blieben.
Doch nun zu jenen Elementen, die zu einem Krankenkommuniongottesdienst gehören müssen oder die auch zusätzlich darin Verwendung finden können.

Der/die Kommunionhelfer(in) wird an der Wohnungstür läuten und die Öffnenden ganz natürlich und ohne jede „pastorale Betulichkeit" begrüßen. Wenn eine für Priester und Kommunionhelfer(innen) bestimmte Handreichung vorsieht, beim Öffnen der Wohnungs- oder Haustür gemäß dem offiziellen Ritus zu sagen: „Friede sei mit diesem Haus" – dann ist dies eben nicht mehr natürlich, sondern wirkt auf die Menschen unserer Zeit nur noch peinlich.
Beim Betreten der Wohnung und des Krankenzimmers grüßt der/die Kommunionhelfer(in) auf ganz natürliche Weise. Je nach Krankheitszustand wird der/die Kranke seine/ihre Freude über den Besuch zum Ausdruck bringen und schon jetzt eine kleine Unterhaltung anfangen wollen. Es muss darum für alle Anwesenden, den/die Kranke(n), alle Angehörigen und den/die Kommunionhelfer(in) selbst ein sichtbarer Einschnitt vollzogen werden, der den Beginn der gottesdienstlichen Handlung markiert.
Am leichtesten geschieht dies mit dem Anzünden der Kerzen, vor allem aber mit dem Hervorholen des Allerheiligsten aus der Brustinnentasche oder aus der Handtasche. Man legt es zwischen die angezündeten Kerzen und macht davor eine Kniebeuge. Jetzt ist allen klar, dass der Gottesdienst begonnen hat und jetzt nicht mehr Gelegenheit zum Schwatzen gegeben ist.
Es folgt das Kreuzzeichen, jedoch – aus noch zu erläuternden Gründen – nie der dem Diakon, Priester und Bischof vorbehaltene liturgische Gruß. Kyrierufe – wie am Anfang der Messe – sollen den Herrn begrüßen, der allen seine Gegenwart verheißen hat, die in seinem Namen versammelt sind (Mt 18,20). Es kann am Anfang

auch ein Schuldbekenntnis stehen, wie es ebenfalls in der Messe vorgesehen ist. Abgeschlossen wird der Eröffnungsteil durch das Eröffnungsgebet.

Die biblischen Lesungen

Sie bilden den zweiten Teil einer Krankenkommunionfeier, können aber gegebenenfalls ganz ausfallen. Nichts ist dagegen einzuwenden, wenn ein(e) Kranke(r) es wünscht, dass alle drei Lesungen eines Sonntags (alttestamentliche, neutestamentliche Lesung und Evangelium) gelesen werden, das Evangelium aber ebenfalls ohne vorausgehenden liturgischen Gruß. Zwischen den Lesungen können auch die vorgesehenen Antwortgesänge – sie stehen zusammen mit den Lesungen in Volksausgaben des Lektionars oder des Messbuchs – gebetet oder auch gesungen werden; die Erwartungen der Besuchten und die liturgischen, in diesem Sinn gesanglichen Fähigkeiten der Kommunionhelfer(innen) bestimmen, was geschieht.
Ebenso wie die Fürbitten den Wortgottesdienst der Messe abschließen, können sie auch im Krankenkommuniongottesdienst auf die Lesungen folgen.

Die Kommunionvorbereitung und Kommunionspendung

Jetzt folgt das Zentrum der Feier. Es beginnt mit der Einladung zum Vaterunser und dem gemeinsamen Gebet des Herrn. Dann öffnet der/die Kommunionhelfer(in) die Pyxis, macht eine Kniebeuge, entnimmt eine Hostie und spricht die Worte der Einladung: „Seht das Lamm Gottes ..." Die Reichung der heiligen Kommunion geschieht grundsätzlich genau so wie in der Feier der heiligen Messe. Eine mögliche Ausnahme ist hier denkbar: Wenn der Kranke nicht mehr gut schlucken kann und die heilige Kommunion mit ein wenig Wasser empfangen muss, dann kann man die Reichung selbst auch den pflegenden Angehörigen überlassen, die besser wissen, wie der Kranke reagiert und auf welche Besonderheiten besonders geachtet werden muss. In diesem Fall bricht man ein kleines Stück von der Hostie ab, legt es zusammen mit ein wenig Wasser auf einen Löffel und lässt den pflegenden Angehörigen so die heilige Kommunion reichen. Den Rest der Hostie nimmt der/die Kommunionhelfer(in) selbst zu sich oder reicht sie als Kommunion einem der Angehörigen.

Nicht unerwähnt bleiben soll in diesem Zusammenhang auch die Möglichkeit, Kranken, die überhaupt keine feste Nahrung mehr zu sich nehmen können, die heilige Kommunion in der Gestalt des Blutes Christi zu überbringen. Natürlich muss dies gut mit dem Pfarrer und allen Beteiligten abgesprochen sein. In einem fest verschließbaren Fläschchen nimmt man das heilige Blut mit zum Kranken, gibt es in ein Trinkgefäß (von besserer Qualität!) und reicht ihm so die Kommunion in der Weingestalt. Das Fläschchen wie auch das Spendeglas werden ebenso gereinigt wie der Kelch und die Hostienschale am Ende der Messe.

Auf die Kommunion hin sollte für eine Weile Stille für das Gebet eingehalten werden. Als Danksagung empfiehlt es sich, mit dem kranken oder alten Menschen ein Lied aus dem Gesangbuch zu beten (oder zu singen, wenn es möglich ist), das der Zeit im Kirchenjahr entspricht. In aller Regel empfangen doch gerade solche Menschen die Krankenkommunion, die in gesünderen und jüngeren Jahren im Gottesdienst ihrer Gemeinde beheimatet waren und diese Lieder kennen und lieben.

Auch solche, deren Geisteskraft abgenommen hat, werden diese Lieder noch verstehen und als Gebet mitvollziehen können, wenn der/die Kommunionhelfer(in) ihren Text laut und deutlich vorsagt.

Der Schluss des Krankenkommunion-Gottesdienstes

Ebenso wie am Anfang des Gottesdienstes ein merkbarer Einschnitt war, ebenso muss der Schluss der Krankenkommunionfeier für alle Anwesenden deutlich markiert werden. Diese deutliche Kennzeichnung des Endes ist Voraussetzung dafür, nun zum Gespräch mit dem Kranken und seinen Angehörigen überzugehen, das zum Krankenbesuch nun einmal dazugehört und Ausdruck der Nächstenliebe ist.

Der Aufbau einer Krankenkommunionfeier

1. Eröffnung der Feier	• Anzünden der Kerzen • Hervorholen des Allerheiligsten aus der Brustinnentasche oder Handtasche • Kreuzzeichen: „Im Namen des Vaters und des Sohnes und des Heiligen Geistes. Amen.“
2. Schuldbekenntnis / Christusrufe	• „Wir bereiten uns darauf vor, dem Herrn zu begegnen, und bitten ihn um Vergebung unserer Schuld: ‚Ich bekenne Gott dem Allmächtigen ...‘“ – „Es erbarme sich unser der allmächtige Gott, er lasse uns die Sünden nach und führe uns zum ewigen Leben.“

	• „Wir begrüßen den Herrn, der jetzt in unserer Mitte ist, und rufen zu ihm: ‚Herr, erbarme dich – Christus, erbarme dich – Herr, erbarme dich'." • Eröffnungsgebet (eventuell Tagesgebet aus dem Messbuch)
3. WORTGOTTESDIENST	• Lesung o *möglich:* Responsorialgesang (z. B. „Gotteslob" Nr. 630,4) o *möglich:* Zweite Lesung o *möglich:* Halleluja (z. B. „Gotteslob" Nr. 175,2), nicht in der Fastenzeit! o *möglich:* Evangelium („Lesung aus dem hl. Evangelium nach ...") • Fürbitten
4. VATERUNSER	• „Lasset uns beten, wie der Herr uns zu beten gelehrt hat."
5. REICHUNG DER KOMMUNION	• „Seht das Lamm Gottes, das hinwegnimmt die Sünde der Welt" – „Herr, ich bin nicht würdig ..." • „Der Leib Christi – Amen" • Stille • Danksagung: Passendes Lied aus dem Gotteslob sprechen oder singen • Schlussgebet (eventuell Schlussgebet aus dem Messbuch)
6. SEGEN UND BEENDIGUNG DER FEIER	• „Es segne und behüte uns der allmächtige Gott, der Vater, der Sohn und der Heilige Geist."

	• Verbergen der Pyxis in der Brustinnentasche oder Handtasche und Löschen der Kerzen

Beispiele für die verschiedenen liturgischen Texte

Die hier angeführten Beispiele sind keineswegs erschöpfend. Sie sollen lediglich mit dem eigenen Charakter der jeweiligen Gebetsarten bekannt machen.

Eröffnungsgebet:

Dem Eröffnungsgebet entspricht das Tagesgebet in der Messfeier. Es soll den Anfang eines Gottesdienstes markieren und den Charakter des liturgischen Tages oder Festes zum Ausdruck bringen. Gerade an Hochfesten und Festen sollte das Tagesgebet des Messbuchs auch das Eröffnungsgebet der Krankenkommunionfeier sein. Als Beispiel eines nicht weiter besonders geprägten Eröffnungsgebets folgt dieses aus der Krankenkommunionfeier:

Herr Jesus Christus, du bist unsere Hoffnung. Wir haben uns in deinem Namen versammelt und bitten dich vertrauensvoll: Sei uns nahe und stärke unseren kranken Bruder / unsere kranke Schwester mit deinem heiligen Leib. Der du mit Gott, dem Vater, in der Einheit des Heiligen Geistes lebst und herrschst in Ewigkeit. Amen.

Fürbitten:

Entgegen einem oft anzutreffenden Missverständnis sind Fürbitten eigentlich Bitten für Abwesende, derer im Gottesdienst gedacht werden soll. Bei allen Erwartungen des Kranken, dass er in seiner Not ins Gebet eingeschlossen wird, gilt dies grundsätzlich auch hier: Über ihn/sie hinaus soll aller kranken Menschen, ihrer Pfleger und aller Notleidenden gedacht werden. Darum können auch hier weitere Anliegen hinzugefügt werden. Die letzte Bitte gilt – auch bei den Fürbitten in der Messe – immer den Verstorbenen.

Voll Vertrauen bitten wir unseren Herrn Jesus Christus:

- *Für alle Kranken um Aufrichtung, Geduld, Mut und Zuversicht.*
  o *Wir bitten dich, erhöre uns.*
- *Für alle in der Krankenpflege, um Kraft und Geduld.*
  o *Wir bitten dich, erhöre uns.*
- *Für alle Leidenden, um Linderung der Schmerzen und neues Leben.*
  o *Wir bitten dich, erhöre uns.*
- *Für alle, die unser fürbittendes Gebet brauchen, um Gnade und Segen.*
  o *Wir bitten dich, erhöre uns.*
- *Für unsere Verstorbenen, um Teilhabe an der ewigen Freude des Himmels.*
  o *Wir bitten dich, erhöre uns.*

Gott, unser Vater, du hast uns deinen Sohn gesandt, uns das Heil zu bringen. Sieh auf uns und schenke uns und allen, derer wir im Fürbittgebet gedacht haben, deinen Segen. Darum bitten wir durch Christus, unsern Herrn. – Amen.

Schlussgebet:

Dieses entspricht dem Schlussgebet in der Messfeier. Hierbei spielt aber der Charakter des liturgischen Tages oder Festes keine so große Rolle wie bei der Eröffnung.

Der Dank für die empfangene Gabe sollte immer zum Ausdruck kommen, wie in diesem Beispiel:

Herr, heiliger Vater, allmächtiger ewiger Gott, voll Vertrauen beten wir für deine(n) kranke(n) Diener(in) NN. Der Leib deines Sohnes, den er/sie empfangen hat, gebe ihm/ihr Kraft, sein/ihr Leiden in Geduld mit Christus zu tragen, der mit dir lebt und herrscht in Ewigkeit. Amen.

Segen:

Für den Segen gilt folgende Regel: Bischöfe, Priester und Diakone segnen mit dem Wort „euch": „Es segne euch ..." Zuvor grüßen sie die Gemeinde mit dem „Der Herr sei mit euch". Die Antwort der Gemeinde ist in traditioneller Deutung eine kleine Fürbitte der Gemeinde für ihren Bischof, Priester oder Diakon: „Und mit deinem Geiste" (= den du damals am Tag deiner Weihe empfangen hast). Der Heilige Geist möge also dem Bischof, Priester oder Diakon helfen, seinen in der Wiehe übernommenen Dienst mithilfe der göttlichen Gnade gut zu verrichten. Weil Laien aber keine Weihe empfangen haben, grüßen sie die anderen auch nicht mit diesem liturgischen Gruß und schließen sich selber in den Segen ein, indem sie beim Sprechen über sich selbst das Kreuzzeichen machen.

- *Es segne und behüte uns der allmächtige Gott, der Vater, + der Sohn und der Heilige Geist – Amen.*
- *Der Herr segne uns, er bewahre uns vor allem Bösen und führe uns zum ewigen Leben. Und so segne uns der allmächtige Gott, der Vater, + der Sohn und der Heilige Geist – Amen.*

- *Der Herr segne uns und behüte uns. Er lasse sein Antlitz über uns leuchten und sei uns gnädig. Es segne uns der allmächtige Gott, der Vater, + der Sohn und der Heilige Geist – Amen.*

Wie noch darzulegen ist, verbieten das Kirchenrecht und die liturgische Tradition den Laien, mit dem Allerheiligsten den sakramentalen Segen zu spenden. Eine kleine, aber gut denkbare Ausnahme sei zur Diskussion gestellt: Wenn Kommunionhelfer(innen) mehreren Kranken die heilige Kommunion bringen und folglich bis zum letzten Besuch sich immer noch Hostien in der Pyxis befinden, dann könnte mit dem Allerheiligsten in der Hostienbüchse über dem Kranken ein kleines Kreuzzeichen gemacht werden, das allen Anwesenden deutlich macht, dass aller Segen nie von uns Menschen, sondern allein vom Herrn selbst ausgehen kann, der in der Gestalt des konsekrierten Brotes zugegen ist. Dies ist aber nur möglich, wenn sich wirklich noch Hostien in der Pyxis befinden! Auch hierbei schließt sich der/die Segnende in den Segensworten durch die Verwendung des kleinen Wörtchens „uns" selbst in den Segen mit ein.

Wortgottesdienst mit Kommunionausteilung

Vorsicht, Glatteis!

Mit diesem Kapitel betreten wir nicht ungefährliches Terrain. Zum einen ist der priesterlose Sonntagsgottesdienst überhaupt eine umstrittene Sache. Vor allem muss allen Beteiligten klar sein, dass es sich niemals um einen gleichwertigen Ersatz für die Sonntagsmesse handelt, sondern immer nur um eine Notsituation. Als Alternative bliebe allein, dass an einem Sonntag die Kirche geschlossen bleibt und – wie die Kommunisten in Russland sagten – „nicht arbeitet". Also: Besser ein priesterloser Gottesdienst am Sonntag statt gar kein Gottesdienst, aber natürlich immer die Messfeier, wenn diese möglich ist.

Ob diese möglich ist und unter welchen Umständen, darüber gehen eben die Meinungen auseinander. Mancher Bischof ist eher für einen gut organisierten Fahrdienst zur nächstgelegenen Gemeinde, in der eine Messe stattfindet. Andere sehen wiederum je nach der Landschaft (etwa große, nur dünn besiedelte Gebiete) im priesterlosen Gottesdienst eine unverzichtbare Chance, dass der Glaube vor Ort lebendig bleibt.

Ebenfalls umstritten ist die Frage, ob dieser priesterlose Gottesdienst in der Regel mit der Spendung der heiligen Kommunion verbunden ist oder ob er ein reiner Wort- und Gebetsgottesdienst sein soll. Viele wichtige Argumente werden gegen die Austeilung der heiligen Kommunion vorgebracht: Diese gehört nun einmal als unverzichtbares Element in die Feier der heiligen Messe hinein und das Bewusstsein für diese Zusammenhänge sollte nicht wieder – wie es in der Vergangenheit schon einmal gewesen ist – verdunkelt werden.

Der „Katastrophenfall"

Völlig unabhängig von diesen Grundüberlegungen und noch nicht ausdiskutierten Problemen soll es aber hier um den „Katastrophenfall" gehen: Eine Gemeinde kommt am Sonntagmorgen zur Messfeier zusammen, die liturgischen Dienste sind eingeteilt und ebenfalls erschienen, aber der Priester kommt nicht! Ob er nun plötzlich krank

wurde, ob die versprochene Vertretung diese Messfeier vergessen hat oder ob andere widrige Umstände (das erwähnte Blitzglatteis zum Beispiel!) das Anreisen des Priesters unmöglich machen, die Gemeinde ist versammelt in der Erwartung, die heilige Messe zu feiern. Die wirklich „billigste“ Lösung – gerade auch in geistlicher Hinsicht – wäre, dass einige Minuten nach dem eigentlich geplanten Beginn der Messfeier irgendjemand an ein Mikrofon tritt und sagt, dass der erwartete Priester nicht erschienen ist, und die Gemeinde nach Hause oder zum nächsten Frühschoppen entlässt.
Gerade die liturgischen Dienste von Laien könnten hier einspringen und mit der Gemeinde einen priesterlosen Gottesdienst feiern, in dem auch die Kommunion aus dem Tabernakel ausgeteilt werden kann, sind doch die Mitglieder der Gemeinde erschienen, um die heilige Messe zu feiern und darin auch in der heiligen Kommunion Christus zu begegnen. Die Kommunionspendung hängt natürlich davon ab, ob ausreichend konsekrierte Hostien im Tabernakel vorhanden sind. Davon gilt es sich zu überzeugen. Je lebendiger die liturgischen Laiendienste in einer Gemeinde sind, desto problemloser wird sich dieser unerwartete Ersatzgottesdienst verwirklichen lassen.

Ruhe bewahren und all das im Gottesdienst einsetzen, was ohnehin vorbereitet ist

Zunächst einmal gilt es, die Ruhe zu bewahren und den- oder diejenige(n) herauszufinden, der/die als Leiter(in) der Feier fungieren sollte. In der Regel sollte diese Aufgabe ein(e) beauftragte(r) Leiter(in) von Wort-Gottes-Feiern oder ein(e) Kommunionhelfer(in) übernehmen. Alle Beteiligten sollen wissen, dass für die Messfeier schon vieles gut vorbereitet vorliegt und auch jetzt verwendet werden kann; außerdem stellt das „Gotteslob“ unter Nr. 581ff. so etwas wie einen „Rettungsring“ zur Verfügung: den Ablauf der Messfeier mit entsprechenden Hinweisen und Gebetsvorschlägen. Natürlich ist uns die Messe bekannt. Aber in so einer Situation gibt durchaus Sicherheit, sich ihren Ablauf nochmals schriftlich vor Augen zu halten.

Doch zurück zu dem ohnehin Vorbereiteten: Der Organist hat die Lieder und Gesänge vorbereitet – sie werden, soweit es geht, auch gesungen; natürlich fallen das „Sanctus“ und das „Lamm Gottes“ aus, ebenso das Lied zur Gabenbereitung. Aber Einzugslied, Kyriegesang, Glorialied, Antwortpsalm nach der ersten Lesung, Halleluja mit Vers, Glaubensbekenntnis(lied), Kommuniongesang und Schlusslied – all das wird verwendet. Im Messbuch steht das eröffnende Tagesgebet, das ebenfalls verwendet werden kann. Auch die Lesungen liegen vor, die von den Lektor(inn)en nur gelesen werden müssen; diese lesen heute ausnahmsweise auch – ohne liturgischen Gruß! – das Evangelium; ebenso sind die Fürbitten vorbereitet, gleichfalls das Schlussgebet. Alles in allem liegt also eine große Fülle von liturgischen Elementen der Messfeier vor, die auch in einem priesterlosen Kommuniongottesdienst Verwendung finden können.

Zwei Orte sind strikt zu meiden

Zu gegebener Zeit – mit dazugehöriger Verspätung – ziehen die liturgischen Laiendienste zusammen mit den Messdienern ein; heute müssen sie – wie es sich ja eigentlich von den Anweisungen des Messbuchs her ja auch gehört – im Chorraum Platz nehmen. Dass die Würde der Feier als Sonntagsgottesdienst auch dadurch

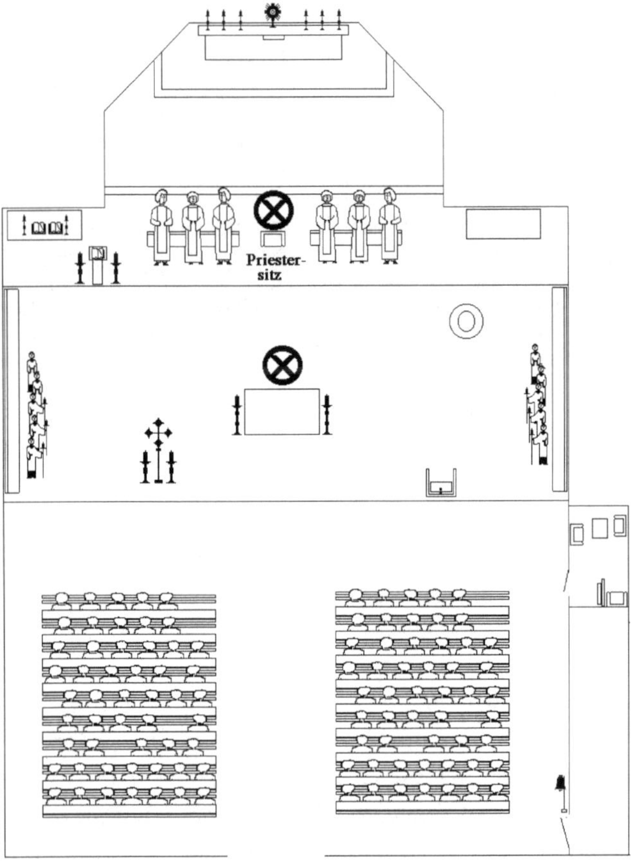

Der priesterlose Wort- und Kommuniongottesdienst

Zwei Plätze bleiben leer:

1. Der Priestersitz

2. Der Platz des Priesters am Altar

sehr gewinnt, dass die Laiendienste nicht in Anzug oder Kostüm fungieren, sondern ein liturgisches Gewand tragen, versteht sich von selbst; schließlich handelt es sich um eine Feier der katholischen Kirche und nicht um den Sonntagsgottesdienst einer protestantischen Freikirche.

Zwei Orte sind strikt zu meiden: der Sitz des Priesters und der Platz des Priesters am Altar, an dem er der Gemeinde zugewandt steht, wenn er der Feier der heiligen Messe vorsteht. Dadurch soll auch von der Wahrnehmung her eindeutig sein, dass es sich nicht um eine Messfeier, sondern um einen Ersatzgottesdienst handelt. Ansonsten aber werden die üblichen Plätze in der Kirche eingenommen und benutzt: die Plätze für Laien und Ministranten im Chorraum und der Ambo für die biblischen Lesungen.

Der Wortgottesdienst

Vom Anfang bis zu den Fürbitten folgt die Feier dem Verlauf, wie er im „Gotteslob" unter Nr. 581ff. beschrieben ist. Nach Kreuzzeichen und Begrüßung erläutert der/die Leiter(in) die besondere Situation, leitet zum Kyrie über und betet nach dem Glorialied aus dem Messbuch – ohne die doch sehr an den Priester erinnernde Gebetshaltung der ausgebreiteten Hände – das Tagesgebet. Lektor(inn)en und Kantor(inn)en übernehmen die Gesänge und Lesungen einschließlich des Evangeliums. Nach einer sich anschließenden Stille folgen das Glaubensbekenntnis und die Fürbitten.

Zur Eröffnung des Kommunionteils geht eine(r) der Kommunionhelfer(innen) zum Tabernakel, öffnet ihn, macht eine Kniebeuge und überträgt das Allerheiligste auf den Altar. Wie gesagt – der Platz des Priesters sollte gemieden werden. Also stellt er/sie das Allerheiligste *von vorn* auf den Altar! Es wäre eine schöne Geste, wenn alle liturgischen Dienste, Lektor(inn)en, alle Kommunionhelfer(innen) und die Messdiener(innen) sich zu einer kurzen Anbetung auf die unterste Altarstufe niederknien könnten: So beten alle, die versammelte Gemeinde und die liturgischen Dienste, in ein und derselben Blickrichtung den auf dem Altar in der Gestalt des Brotes gegenwärtigen Herrn an; außerdem wird so wiederum mehr als deutlich, dass der zur Feier der Messe notwendige Priester heute nicht da ist und es sich infolgedessen um einen Ersatzgottesdienst handelt.
Nach einer kurzen stillen Anbetung steht man auf und betet so das Vaterunser als eucharistisches Tischgebet. Eine(r) der Kommunionhelfer(innen) geht von vorne an den Altar, entnimmt der Hostienschale eine Hostie, wendet sich zur Gemeinde und spricht die Einladung zur Kommunion: „Seht das Lamm Gottes, das hinwegnimmt die Sünde der Welt.“ Nachdem er/sie selbst kommuniziert hat, wird den Anwesenden die heilige Kommunion ausgeteilt – so viel Hostien eben da sind. Im Notfall wird man die vorhandenen Hostien brechen müssen – aber wenn alle ausgeteilt sind, hat man eben keine Teile des eucharistischen Brotes mehr, das man austeilen könnte.
Nach dem Austeilen der Kommunion werden die restlichen Hostien wieder im Tabernakel verschlossen, alle liturgischen Dienste gehen nach ihrer Kommunion auf

ihre Plätze im Altarraum zurück. Das Schlussgebet und der den/die Segnende(n) selbst einschließende Segenswunsch beenden diesen unvorhergesehenen Gottesdienst.
Sicherlich hat er alle Beteiligten eine Menge Aufregung und Nerven gekostet. Andererseits bereiten aber Erfahrungen dieser Art viel Freude: Im Dienst Gottes zu stehen, mit seiner Hilfe völlig Unerwartetes, ja vielleicht sogar für unmöglich Gehaltenes gut gestaltet zu haben, das macht glücklich – so wie der Dienst am Reich Gottes für jede(n), der/die sich dafür zur Verfügung stellt, Erfahrung tiefer Erfüllung und Bereicherung schenkt.

Weitere eurcharistische Dienste

Quelle und Gipfel einer jeden eucharistischen Frömmigkeit ist die Eucharistiefeier. Alle anderen eucharistischen Frömmigkeitsformen werden von ihr hergeleitet und sollen die Gläubigen zu ihr hinführen.

Eucharistische Aussetzung und Anbetung

Nicht allein die Feier der Eucharistie selbst mit dem Empfang der eucharistischen Gaben macht das eucharistische Geheimnis aus. In seiner Enzyklika (Lehrrundschreiben) vom Gründonnerstag 2003 – sie beginnt mit den Worten: „Die Kirche lebt von der Eucharistie" – hebt Papst Johannes Paul II. die hohe Bedeutung auch der Eucharistieverehrung, insbesondere der eucharistischen Anbetung für das Leben der Kirche hervor. Zweifellos ist die Eucharistieverehrung engstens mit der Eucharistiefeier verbunden; sie hat darin ihren Ursprung und soll den Menschen dazu verhelfen, die Messe in noch ver-

tiefter Weise mitfeiern und kommunizieren zu können; dennoch stellen Verehrung und Anbetung des Allerheiligsten eigene Werte von hoher Bedeutsamkeit dar. Als persönliches Glaubenszeugnis teilt der Papst seine geistlichen Erfahrungen mit der eucharistischen Anbetung mit, die er vergleicht mit dem Ruhen des Lieblingsjüngers an der Brust des Meisters (Joh 13,25). Aus dem vertrauten Umgang mit dem Herrn in der eucharistischen Anbetung habe er stets Kraft, Trost und Stärkung empfangen, so bezeugt der Papst seine guten Erfahrungen: „So viele Male, meine lieben Brüder und Schwestern, habe ich diese Erfahrung gemacht und daraus Kraft, Trost und Stärkung bezogen" (Enzyklika „Ecclesia de Eucharistia" Nr. 25).

Gar nicht so selten versammeln sich in unseren Gemeinden besondere Gruppen zum gemeinsamen Gebet und pflegen die eucharistische Anbetung. Ist ein Priester unter den Mitgliedern einer solchen Gebetsgruppe, dann wird er das Allerheiligste in der Monstranz aussetzen und am Schluss der Gebetsstunde den sakramentalen Segen erteilen. Oftmals aber sind solche Gruppen reine Laienvereinigungen, und die immer weniger werdenden Priester sind wegen eines gefüllten Terminkalenders meist nicht in der Lage, selbst an einer Gebetsstunde teilzunehmen. Daran aber soll eine eucharistische Anbetungsstunde nicht scheitern; Kommunionhelfer(inne)n ist es erlaubt, das Allerheiligste zur Anbetung auszusetzen, nicht aber, den sakramentalen Segen zu erteilen.

Ein eigenes, erstmals 1976 erschienenes liturgisches Buch regelt diesen Dienst durch Laien. Es hat den Titel „Kommunionspendung und Eucharistieverehrung außerhalb der Messe". Dort heißt es (Nr. 91), dass auch Kommunionhelfer(innen) die Aussetzung des Allerheiligsten zur Anbetung vornehmen können und nach Abschluss derselben es wieder im Tabernakel verschließen. Diese Aussetzung kann verschieden gestaltet sein: Möglich ist das einfache Öffnen der Tabernakeltüren, das Hervorholen des Ziboriums (Hostienschale, oftmals umgeben von einem verhüllenden Tuch, „Velum" genannt) oder auch das Aussetzen der Hostie in die Monstranz. Ausdrücklich ist darin die Erteilung des sakramentalen Segens durch Laien verboten. Auch wird bestimmt, dass die eucharistische Aussetzung stets mit einer kurzen Andacht und/oder mit stiller Anbetung verbunden sein muss.

Natürlich darf diese eucharistische Aussetzung durch Laien nur im gegebenen Fall und unter ausdrücklichem Einverständnis des zuständigen Priesters erfolgen. Wie auch im Folgenden noch hervorzuheben sein wird, soll unter Christen nichts, schon gar nichts im heiligen Dienst vor Gott geschehen, um sich gegenseitig abzugrenzen oder auf Kosten anderer zu profilieren, schon gar nicht gegen das geistliche Amt. Eine nur grobe, immer durch einzelne Elemente anzureichernde Struktur der Anbetungsstunde könnte so aussehen:

- Zu Beginn der Anbetungsstunde singt die Gemeinde ein Eucharistielied. Ein(e) Kommunionhelfer(in) (im liturgischen Gewand) tritt an den Tabernakel, öffnet ihn, macht eine Kniebeuge, entnimmt die Monstranzhostie aus dem Behältnis, überträgt sie auf den Altar und setzt sie dort in die bereitstehende Monstranz ein.
- Er/sie macht vor dem ausgesetzten Allerheiligsten eine (eventuell doppelte) Kniebeuge (mit Verneigung), erhält von einem/einer Diener(in) das Weihrauchfass, legt Weihrauchkörner auf die glühende Kohle und ehrt das Allerheiligste mit Weihrauch.
- Der/die Kommunionhelfer(in) begibt sich in eine der Bankreihen und überlässt die Leitung der Anbetungsstunde einem/einer anderen. Die Anbetung selbst besteht aus eucharistischen oder anderen passenden Liedern, Wechselgebeten, (eventuell gesungenen) Litaneien und ausreichend Zwischenzeiten zum stillen Gebet der einzelnen Gläubigen.
- Als Abschluss der Anbetung kann auch von Laien dasjenige Gebet laut gesprochen werden, das Priester und Diakone vor Erteilung des sakramentalen Segens sprechen, bevor sie das Allerheiligste wieder mit Weihrauch ehren, die Hostie aus der Monstranz entnehmen und wieder in den Tabernakel verschließen (vgl. Nr. 98 dieses liturgischen Buches „Kommunionspendung und Eucharistieverehrung außerhalb der Messe“):

Herr Jesus Christus, im wunderbaren Sakrament des Altares hast du uns das Gedächtnis deines Leidens und deiner Auferstehung hinterlassen. Gib uns die Gnade, die heiligen Geheimnisse deines Leibes und Blutes so zu verehren, dass uns die Frucht der Erlösung zuteil wird. Der du lebst und herrschst in Ewigkeit. Amen.

Eucharistische Prozessionen

Es soll etwas Wirbel in einem deutschen Generalvikariat gegeben haben, als ausgerechnet die örtliche Bistumszeitung vor einigen Jahren folgenden Bericht mit dem dazugehörigen Bild veröffentlichte, das allen Lesern direkt ins Auge sprang: Eine junge Frau, mit einer hellen Tunika und über den Schultern mit dem Segensvelum bekleidet, trägt in einer eucharistischen Prozession, die neben derjenigen an Fronleichnam in dieser Pfarrei vor den Toren der Bischofsstadt schon lange Tradition ist, die Monstranz. Der dazugehörige Bericht ist überschrieben: „Zeichen einer lebendigen Gemeinde". Kommunionhelfer(innen) beteiligen sich am liturgischen Leben der Gemeinde gerade auch dann, wenn durch Alter oder Krankheit ihres Priesters die Weiterführung dieser Prozession infrage gestellt wird, weil er allein die Monstranz tragend die lange Wegstrecke nicht gehen kann. Also beteiligen sich die mit der Kommunionspendung beauftragen Laien am Tragen des Allerheiligsten.
Nicht wenige, die das doch sehr ungewöhnliche Bild sahen und den Artikel lasen, werden sich gefragt haben, ob das dort Beschriebene überhaupt gestattet ist. Mit Fragen solcher Art hat sicher auch der Redakteur gerechnet und verweist auf den Kanon 943 des Kirchenrechts. Dort heißt es, dass Priester und Diakone zwar allein den sakramentalen Segen mit dem Allerheiligsten geben dürfen,

Kommunionhelfer(innen) aber die Aussetzung des Leibes Christi in der Monstranz zur Anbetung und die Zurücksetzung desselben in den Tabernakel vornehmen dürfen. Die gewünschte Klarheit verschafft ein im Januar 1999 erschienenes Dokument der deutschen Bischöfe: „Zum gemeinsamen Dienst berufen. Die Leitung gottesdienstlicher Feiern – Rahmenordnung für die Zusammenarbeit von Priestern, Diakonen und Laien im Bereich der Liturgie". Dort heißt es in Nr. 50: „Wegen der engen Verbindung einer eucharistischen Prozession mit der Messfeier und der mit ihr verbundenen Erteilung des sakramentalen Segens kommt es dem Priester zu, das Allerheiligste in einer eucharistischen Prozession, namentlich in der Fronleichnamsprozession, zu tragen. Diese können sich nur dann von einem Akolythen oder einem vom Bischof eigens dazu Beauftragten unterstützen lassen, wenn sie aus gesundheitlichen Gründen nicht in der Lage sind, die Monstranz selbst den ganzen Prozessionsweg zu tragen. Ein beauftragter Laie darf aber nicht selbständig eine eucharistische Prozession halten."
Prinzipiell ist also gegen eine Beteiligung von Laien beim Tragen der Monstranz in eucharistischen Prozessionen in begründeten Fällen nichts einzuwenden. Besteht nur die eine Wahlmöglichkeit, entweder eine eucharistische Prozession durchzuführen unter Mithilfe von Laien oder sie wegen Krankheit oder Altersgebrechen des Priesters ohne die Mitwirkung von Laiendiensten ausfallen lassen zu müssen, dann verdient die erste Möglichkeit natürlich zweifellos den Vorzug. Allerdings bedarf es auch hierfür einer besonderen Beauftragung durch den Bischof, die dieser auf die gut begründete Bitte des zuständigen Pfarrers hin gewährt.
Keinesfalls dürfen diese außerordentlichen Dienste missbraucht werden und dazu führen, dass die Bedeutsam-

keit des priesterlichen Dienstes geringer eingeschätzt würde, dass die Laien gegen das Weiheamt ausgespielt oder Verwirrung und Ärgernis bei den Gläubigen hervorgerufen würde. Auch die Beteiligung von Laien bei eucharistischen Prozessionen hat nie anders als in einem gesunden und vertrauensvollen Miteinander von Priestern und Laien zu erfolgen.

Im gegebenen Fall können in eucharistischen Prozessionen Kommunionhelfer(innen) – bekleidet mit einem liturgisches Gewand und mit dem Schultervelum – das Allerheiligste in der Monstranz zu den einzelnen Stationen tragen. Dort leitet der Priester oder Diakon einen kurzen Stationsgottesdienst, und er allein erteilt den eucharistischen Segen. Zusammen mit dem Schultervelum wird die Monstranz an eine(n) andere(n) Kommunionhelfer(in) weitergegeben, der/die sie zur nächsten Station überträgt.

Eine weitere mögliche Beteiligung von Kommunionhelfer(inne)n bei eucharistischen Prozessionen könnte darin bestehen, dass sie zusammen mit dem vom Priester in der Monstranz getragenen Allerheiligsten auch in ihren Krankenpyxiden die Kommunion mittragen und sie den Kranken auf dem Prozessionsweg überbringen. Dadurch wird allen Teilnehmenden vor Augen geführt, von welchem Mittel zum ewigen Leben wir Christen leben. Nach Spendung der Krankenkommunion können sich diese Kommunionhelfer(innen) mit ihren (leeren) Hostiengefäßen wieder der Prozession anschließen.

Nachwort

Liebe Leserin, verehrter Leser!

Vier Kapitel praxisorientierte Anleitung über den Kommunionhelferdienst liegen hinter Ihnen. Der Verfasser hofft, dass sie Ihnen neben allen Anstrengungen in erster Linie Freude bereitet haben. Vor allem aber hofft er, dass Sie für Ihren persönlichen Glauben aus dem Geschriebenen Nutzen ziehen konnten.
Sollten Sie schon als Kommunionhelfer(in) im liturgischen Dienst engagiert sein, so würde es den Verfasser freuen, wenn Sie Ihren Dienst jetzt vielleicht tiefer sehen können und neue Möglichkeiten für sich selbst und die Gestaltung der Laiendienste in Ihrer Pfarrgemeinde entdeckt haben.
Sollten Sie sich für den Kommunionhelferdienst vorbereiten oder Interesse an der Übernahme eines anderen liturgischen Laiendienstes zeigen, so möge dies Buch Ihnen die dazu gehörende Freude vermitteln.
Sollten Sie Mitbruder im priesterlichen Amt sein oder sonst Verantwortung in unserer Kirche tragen, dann haben Sie vielleicht manche neue Anregung und ungenutzte Möglichkeit entdeckt und sind eingeladen, diese in die Wirklichkeit zu überführen.
Manche sagen, unser liturgisches Leben sei arm geworden. Wenn dies der Fall sein sollte, dann liegt es nicht an der liturgischen Erneuerung, sondern daran, dass all die Möglichkeiten, welche die erneuerte Liturgie bietet, noch nicht entdeckt und noch lange nicht ausgeschöpft wurden. In ihr kommt den Frauen und Männern in liturgischen Laiendiensten eine wichtige Rolle zu. Das Ziel

dieses Buches ist dann erreicht, wenn es zu einer feierlichen und lebendigen Liturgie in unseren Pfarrkirchen beiträgt, Gott zur Ehre und den Menschen zur Freude.

Bildnachweis

S. 97 oben und 98: C. M. Almy Robes, Greenwich USA
S. 97 unten: Claudia Auffenberg, Paderborn
S. 123: Katalog Firma Eggert, Hamburg
S 131: Katalog Firma Slabbink, Eschborn
Alle anderen Bilder stammen vom Autor.